社区治理·社区社会组织培育书系·教研系列

社区社会组织培育的理论与实务

SHEQU SHEHUI ZUZHI PEIYU DE LILUN YU SHIWU

梁肖月 著

中国社会出版社
国家一级出版社·全国百佳图书出版单位
北京·BEIJING

图书在版编目（CIP）数据

社区社会组织培育的理论与实务 / 梁肖月著 . -- 北京 ：中国社会出版社，2021.12（2025.4 重印）
ISBN 978-7-5087-6592-1

Ⅰ.①社… Ⅱ.①梁… Ⅲ. ①社区－社会组织管理－研究－中国 Ⅳ.①D669.3

中国版本图书馆 CIP 数据核字（2021）第 158461 号

社区社会组织培育的理论与实务

责任编辑：张　迟
责任校对：安　娜
装帧设计：时　捷
出版发行：中国社会出版社
（北京市西城区二龙路甲 33 号　邮编 100032）
印刷装订：北京九州迅驰传媒文化有限公司
版　　次：2021 年 12 月第 1 版
印　　次：2025 年 4 月第 4 次印刷
开　　本：170mm×240mm　1/16
字　　数：220 千字
印　　张：15
定　　价：55.00 元

致谢

感谢一路以来曾为我答疑解惑的恩师们!

感谢十余年来曾与我并肩前行的伙伴们!

感谢一直鼓励、支持和深爱我的家人们!

推荐序

受梁肖月邀请，为她的新书写一篇序，看着书的内容，一时间许多回忆重上心头。算算，这是一个九年的社造历程，就一个学者而言，这是一段社区营造研究的学术成长和逐渐成熟的过程，而且让我深深体会到教学相长的乐趣。就一个社会工作的参与者而言，这是一段扎根在真实生活里不断学习的历程。公益界总有一句话：感谢有你，让我们相互帮助，一起成长。是的，我们团队不曾有一个社造“专家”进入社区指点教导，这是一段我们和大栅栏街道的社区相互学习，一起成长的故事。

肖月进入大栅栏并主导大栅栏的社造实验是在2016年年中，但是认识肖月是在2014年。她一直来旁听我的课，我发现她和其他上课的硕博士学生不一样。她是带着问题来的，而且有丰富的扎根社区的经验。随后她考了我的博士生，进到清华，进入我们的社区营造团队。

说起和大栅栏社造的缘起就更早了。2013年过完元旦没多久，一位在西城区规委的朋友来找我，知道我在做社区营造，所以希望我能参与到北京市历史文化保护地区的规划与治理中来。从一开始，我和清华大学社会学系的沈原教授组织团队，得到街道政府支持，有了团队成员进驻社区的“宿舍”与办公室，再到我们学生团队入驻社区、与居民朝夕相处，到居民访谈、田野调查，我们用两年的时间，才得到居民的信任。社造的基础在于信任，争取居民间的信任，争取政府、居民和各参与方的信任，这过程让我们看到社造中营造信任是一件不易之事。

在第二阶段的一年多中，我们组织各类活动，尽力促进居民走出家门参与到公共活动中来，并多次举办社区营造培训班，把基层政府人员、居民代表和社会组织人员聚合在一起举办数天的社造训练营，宣扬社区营造的理念。同时，我们把与居民访谈的方向导引到发掘大栅栏地区人、文、地、产、景的特色上，并且特别关注社区中活跃的能人以及社区居民真实的需求。

肖月进入团队后开启了我们第三阶段的社造，有效地转化了原本我们在理论中建构的社区居民自组织过程，形成一套培育社区志愿者和社区社会组织行之有效的方法——从发掘社区能人，鼓励他们参加微公益创投，变成公共参与的种子团队，由种子逐渐发芽、成长、茁壮发展。社区居民因为共同志趣而组织起社区社会组织，一些团队成长为登记在册的社会组织，甚至进一步地能自我造血、自我发展，产生可持续的生命力。这一过程，每一步都通过实验，丰富了社造历程的相关知识，这本书正是这些知识的一个总结与提炼。

大栅栏的各类社区居民活动，从文体娱乐类到社会服务类都十分丰富，我们团队还找来计算机专业的学生加入，开始用微信小程序做“时间银行”的软件，期望让社区志愿者活动与社会服务的管理走向智能化。如何用智能化手段参与社区治理是我们的创新实验，社区营造有无比宽阔的远景，社区营造永远在路上。

肖月作为一位社区社会工作者，她展现了学术训练的优势。这五年来，除了疫情期间，她几乎留下了每一天的田野日记。肖月带领团队其他成员作各类各式的访谈调查，积累了强干预下非常丰富的参与式观察的资料，这为我们总结社区营造标准化、规范化的操作方法提供了扎实的一手材料。

作为一位年轻学者，肖月又有着人类学家深入田野扎根的精神，在当今社会学者多以田野访谈来写作的大环境下，这种亲身投入田野三四年，每日留下工作日志的研究方式，确实十分难得。

一身兼为学者与社会工作者，从理论转化出社会工作实务方法，又在实务过程中累积工作日志以丰富理论内涵，这本书的价值在这里展现无遗。

罗家德

2021 年 11 月 12 日笔于清华家居

自 序

我与社区结缘是在2010年，从社区工作者的角色开始接触基层社区；2013年，又以社会组织从业者的身份在社区推动公益项目；2016年，以实务研究者的视角扎根城市社区培育以居民为主体的社区社会组织。虽然在身份上几经变化，视角也有所不同，然而却一直扎根在基层社区，从未离开过。由于在十余年间一直处于工作与学习交织的状态，因此逐渐清晰了自己的事业方向和研究兴趣，概括来说，是一个从“社区”到“社会组织”再到“社区社会组织”慢慢聚焦的过程。

一、社区——我与社区的不解之缘

（一）误打误撞叩响社区大门

前有“大学生村干部”推动农村社区的建设，后有“大学生进社区”，为城市社区治理带来新鲜血液。抱着尝试新生事物的心态，我报考了社区工作者，就此与社区结下了不解之缘。

考社区工作者类似考公务员和事业编，也会经历笔试、面试、政审、体检等一系列流程，在当年，是能够解决大学生社区工作者户口的，竞争格外激烈。也许是与社区有缘分，我顺利通过了考试与审核，成为一名社区工作者。

与我同批入职社区的共有13位伙伴，街道办特意为我们举办了为期一周的新入职人员培训。通过培训，我逐渐了解了什么是社区居委会、什么是社区工作者、什么是社区工作，慢慢地打开了属于我的社区大门。

新社区工作者是由社区书记亲自接回社区居委会办公室的，初次踏入工作的社区，感觉既熟悉又陌生。由于我所居住的社区并非所工作的社区，虽然都是在同一街道内，但如果不是因为工作的缘故，我不会知道我所生活的地方还有这样的老旧与拆迁区域。这也是我首次体会到各社区之间的差异性和特殊性，即使是在同一街道范围内，也会由于历史沿革的原因，造成区域内发展的不平衡性。

在社区工作后的第一个挑战，是负责本社区的第六次人口普查的统筹工作，具体内容是对接街道“六普办”，做好本社区人口普查的宣传动员、分工安排、关系协调、表单培训、数据报送等工作。虽然在 11 月 1 日至 10 日才会统一进行普查，但筹备工作在同年的 5 月就已经开始了，刚好是我们入职的时间，因此我们这批新社区工作者大部分都成了本社区的“人普”工作管理员。由于刚到社区工作，社区里最基本的人口结构、楼栋情况、相关方关系我都还未掌握，而“人普”工作是从核查和绘制本社区建筑物的地图开始的，同时需要对本社区的人口数据进行摸底，因此真正了解社区是从“人普”工作开始的。

（二）与居民交往的点滴汇聚成对社区的感情

由于需要全面了解社区人口情况，以及需要抽样进行“长表”的访谈，因此离不开长期居住且最为了解本小区情况的楼门长们的帮助，这也是我首次接触社区能人。在跟着楼门长一起入户时，他们对于楼里大部分居民的情况均有所了解，包括家里是否经常有人、大概几口人、有什么特征等情况，大大提高了工作效率，也让我深刻感受到社区能人的能量。

在社区，除了负责阶段性的人口普查以及常态性的包楼工作外，我还先后负责了与城建科对口的环境卫生以及与民政科对口的保障性住房等工作。由于社区工作最重要的是做好为居民的服务工作，因此在负责环境卫生工作的时候，为了避免出现建筑垃圾堆砌而形成死角的问题，每天我都会骑着自行车上下午各一次在社区里观察卫生死角，只要发现楼下出现建筑垃圾，都会通过各种方法查找来源，例如借助楼门长的力量、询问楼下晒太阳的长者、咨询老社工等，并做好登记和上门提醒等工作。

虽然觉得已经把工作做得比较到位了，但依然会有居民隔三岔五到居委会来表示不满，例如这里不干净、那里有死角。对于居民提出的问题，我虽然已经在积极解决，也得到了大部分居民的认可，但还是有个别居民埋怨工作不到位，这其中也难免承受压力与委屈。做好居民工作不容易，能做到让居民百分百满意，更是有难度。但居民事无小事，对自己来说可能只是百分之一的事，但对于居民而言却是百分百的困扰。

社区居民其实是最为真实的一个群体，虽然开始打交道时会觉得有苦有泪，但时间长了会品出其中的甜与乐。工作做得不到位，就会有居民来投诉；工作做到居民的心坎里，就会有居民邀请到家吃饭。记得有一次，平房院的一户居民来居委会反映自家窗户被树枝挡住了采光，希望帮忙解决。我当时在社区里跟其他部门的关系还不熟，就找到老社区工作者帮忙，被带着去了维修组，找到维修师傅请求帮忙。师傅把遮挡采光的一小段树枝锯掉了，解决了居民的问题。这户居民几次想邀请我去她家吃饭以表示感谢，觉得帮了她家大忙。这虽是我的本职工作，但能够被居民认可，心里很是欣慰。

与居民相处的点滴是有苦有甜、有笑有泪的，与居民的感情也是越发深厚的。这些经历凝聚成了对社区的爱、对居民的情。在跟一位老书记聊天时，老书记说到自己是2000年北京市第一批招募的社区工作者，刚到社区的时候，工资非常低，曾经有几次机会去企业，但最后都因为与社区居民的深厚感情而选择留在了社区，一眨眼20年过去，如今也到了快退休的年纪。还有一位老书记也表示，自己在社区工作时的幸福感和成就感是在其他行业感受不到的，这也是多年留在社区的重要原因。

我在社区工作的经历，以及这些发生在前辈身上的故事，也让我更加坚定了自己的事业方向和研究领域。即便变换了工作与身份，我却始终没有离开社区这片热土。

二、社会组织——社会力量推动社区“创变”

（一）突破天花板的自我成长加速器

在社区工作的时候，正是国家推进社会工作职业化的初期，考取社会工作师的证书可以增加补贴，于是大家基本都在为补贴而奋斗。我自然也不例外，也是在这个阶段才开始接触和学习社会工作专业。在连续考下初级和中级社工证之后，为继续系统地学习社会工作专业，我选择暂别社区，继续深造。

在读研期间，社会工作专业硕士需要进行专业实习，母校提供了很多当时有名的社会组织和公益机构的实习机会，我也因此有幸在社会组织孵化器实习，结识了当时最有活力、有情怀、有初心的一批公益前辈，毕业后顺理成章地成了一名公益新人。

在社会组织工作与在社区工作的差别很大。在社区工作，更多是琐碎的事务性工作或上级科室交办的行政性工作，以及与居民的沟通工作，对于专业知识和方法的学习则更多在于自身的兴趣，也自然会因人而异。但在社会组织工作时，每天都需要吸收很多新的知识和信息，包括行业知识、项目管理等，还需要不断学习更多的专业方法并学以致用，例如宣讲、路演、会议技术等。除了机构提供丰富的学习机会，小团队内部也会定期做分享，有一段时间，机构内部还自发组织了不同内容的学习小组，定期开分享会。同时机构也会给新人很多实践的机会甚至是试错的机会，促使我们不断突破自我的天花板。

（二）与社会领域的“创变者”同行

在社会组织工作感受最深的，除了提升自身的知识结构和能力外，还有社会组织伙伴间抱团取暖的氛围以及公益人对初心的坚持。

社会组织内部的结构更多是扁平化的，不论职级高低，都是在彼此信任的基础上，实现团队里每位伙伴共同协作的过程。尤其是面对机构内的大型活动，则会采用跨团队、跨区域的合作模式。当时的工作状态是除了完成自己的工作，还会关注团队内其他伙伴的情况，如果是由于工作量大或时间紧迫需要加班，团队伙伴则会一起加班共同完成工作，彼此成为相互支持的力量。

公益人往往都会有投身公益的初心，也会有最纯粹的那份坚持。不论所从事的领域与服务的人群有何不同，公益人始终是一群抱有社会责任意识的“创变者”。由于在社会组织孵化器工作，我接触了很多社会领域的“创变者”，也看到了他们为某个领域或某个群体带来的温度和变化。曾经有一位做居家养老与精神慰藉的前辈，从决定做社会组织开始，一路艰辛与坎坷，从零基础开始做起，做中学、学中做，一直坚持到现在。问其初心，则是由于在其父亲去世时，因工作原因未能陪伴身旁而留下遗憾，做居家养老服务则是弥补内心的遗憾，让更多老人的晚年生活能够更幸福。还有一位做外来务工子弟教育的前辈，由于个人经历的感同身受，希望给予务工子弟更多的温暖，让这些孩子在异乡感受到更多的爱，接受更好的教育。于是从培养孩子们的工匠精神开始，慢慢设计出自然教育、绘本教育等体验式课程，陪伴着孩了们慢慢长大。而我的初心则源自对社区热土的感情以及对社会力量的坚持。

（三）以社区居民为主体的内生组织之力量

在社会组织孵化器工作时，我的工作内容其实是培育社会组织以及培育以社区居民为主体的社区社会组织。从那时开始，我的研究兴趣从社区和社会组织，慢慢聚焦到社区社会组织，开启了我的社区社会组织培育之路。

由于有很多落地社区的公益项目，我因此接触了很多社区工作者，也因此与社区居民有了更深入的交流机会，从而感受到了来自社区内生组织的活力与力量。如前所述，由于在社区工作时曾经负责环境卫生工作，虽然通过自己的力量能够完成工作，但效率依然不高，满意度也受影响。当时也曾设想如果像社区里值班巡逻的“红袖标”一样，能够有一支环保型的“绿袖标”。只要发现建筑垃圾或卫生死角，告知我并由我来负责处理后续的事情，起码可以提高一定的时效性。毕竟一个人的经历和视野有限，如果靠社区居民的共同努力，也许会事半功倍。但当年由于种种原因并未实现此想法，直到在社会组织孵化器实习的第二天，听到前辈在讲“社区营造”，看了中国世博会美国世博馆的宣传微电影《花园》，以及在后期的工作中，看到越来越多的社区已经出现类似的以居民为主体的环保类组织之后，有种愿望得以实现的感觉，不禁在内心狂呼“这就是我想要的”。

尤其是深入了解一些社区社会组织的案例后，更让我感受到社区社会组织的力量所在。曾经与社区里的一个邻里互助队队长聊天，他讲述了一件让他难忘的故事。邻里互助队的队员基本都会日常的家电维修，平时会为社区里的空巢独居老人提供免费的水电气暖等维修服务。有一次他们为一位空巢独居老人修理客厅的灯泡，对于队员们来说手到擒来，很快就修好了。当灯泡亮了的那一瞬间，这位老人高兴得直拍手，说自己家里已经很久都没有这么亮了。这句话也感动了队长和队员，更加坚定他们做邻里互助这件事。还有一个社区里的地下空间自管小组，主要负责自主运营共同争取来的公共空间。万事开头难，他们在最开始与物业争取下来这个空间时，可谓一波三折，过程长达数年之久。后来虽然空间争取下来了，但如何能够安全使用和自负盈亏成为摆在他们面前的“头等大事”。于是队长带头把地下空间原来的隔断拆掉，用小推车一车一车把墙皮和渣土清运出来，在社区书记的协调下，把渣土处理干净。地下空间的墙面需要粉刷，经大家的努力将社区居民家里装修后不用的涂料收集起来，队长带着队员一点一点粉刷如新。空间里的桌椅板凳也都是居民无偿捐赠出来的，空间面积虽然不大，但布置温馨，能够看得出来这个自管小组和使用空间的居民们对这个地方的爱护。在看到这些鲜活的案例并了解了其行动过程后，更加坚定了我将社区社会组织培育进行到底的决心。

三、社区社会组织——培育社区内生力量的实务研究之路

（一）社区实验与组织培育

社区社会组织培育逐渐成为我的兴趣爱好，由于希望能够更深入学习相关知识以及更细致地进行实践和研究，我选择了继续读博求学深造，并有幸加入社区实验团队，在大栅栏地区扎根培育社区社会组织，开启了实务与研究相结合的探索之路。

在培育初期，由于社区社会组织成员不理解我们的做法，认为我们刁难大家，对我们表达过强烈的不满，甚至拍着桌子表示不再参与。然而当组织成员的能力提升之后，当年对我们表示强烈不满的组织成员在分享会上主动说出“这几年我自己是最大的受益者，得好好感谢他们”的时候，觉得之前经历的所有苦累与委屈都是值得的，组织的认可是对培育方的最大褒奖。

我在大栅栏地区扎根6年，回顾和思考所经历的实验过程，主要有三个：一是关系网络重构，二是能人赋能增权，三是生态环境建构。

1. 关系网络重构

儿时听父辈谈及四合院的生活，基本可以用“路不拾遗、夜不闭户”来形容。由于母亲自小居住在南长街的胡同里，儿时的记忆是当时家里的钥匙并非人手一把，有时家里没人就把钥匙放在门框上，还要告诉邻居一声钥匙放在什么位置，以便家人回来能够找到钥匙。

从前在单位制社区时期，基本也都是这样的熟人社会。但后来随着经济发展、社会变迁、城乡人口流动性加剧等一系列变化，导致出现社区内的原子化、空心化，人与人之间越来越不信任，乃至出现老人摔倒无人扶起的现象。即使在同一栋楼里对门居住的邻里，由于关系陌生，导致出现老人在家中故去多日却无人知晓、孩子在家门口被拐卖甚至被杀害的恶性

事件。

在这样一种社会状态下，有何方法可以重构社区内居民间的关系网络？如何重现曾经的熟人社区？组织不仅是名词，还有动词之意，代表着组织化的过程。社区社会组织正是在此社会转型的背景下应运而生，其不仅是真实存在的组织形态，也可以视作重构或改善社区内居民之间关系网络的过程。其基于社区居民生活之所需而出现，例如当孩子放学无人接送时，则可以由孩子家长组成护送小组，轮流接送“大家”的孩子；再如空巢独居老人无人照护，则可以由老人子女组成照护小组，轮流看护“大家”的老人。社区社会组织的出现除了能够弥合现有邻里的关系，还能够补充社区居民之所需。除了社区居民的娱乐消遣的需求，更多的是邻里互助的需求。

2. 能人赋能增权

由于我国的政府部门经历了长时间的社会管理历程，使得大部分社区居民已经习惯了等、靠、要或服从管理的生存方式。当提出由“社会管理”转变为“社会治理”的时候，曾经的“巨婴”们既没有意愿也没有想法更没有能力参与到社区治理中，因此在推动社区居民参与社区治理的时候，显然需要从意识转变开始，逐步影响行为，最终才能够成为习惯。而转变意识的第一步则是赋能，也就是学习新的知识、新的理念、新的方法。能力提升后，才能够有意识地思考作为社区居民可以在社区里做什么，可以链接什么样的资源，可以合作的力量有哪些，逐渐从被服务者转变为提供服务者。当社区能人越来越多的时候，才会出现小团队，小团队经过发展才会形成组织。因此社区社会组织实际上是在经历了社区能人、小团队之后，而形成的相对规范化的组织形态。

而组织（集合体）与志愿者（个体）的区别则在于自主性、发展性、灵活性和持续性。一是自主性。组织作为集合体首先会具有组织目标，并能够具有自主设计且实施社区公共活动的权力，相较于志愿者往往是被动接受任务的情况，组织具有更大的自主性。二是发展性。组织因其类型、活动内容、程度化不同，具有丰富多样性特征，且具有更大的发展空间，相较于志愿者而言，组织具有更大的发展性。三是灵活性。组织的规模可大可小，组织开展的活动可以多种多样，相较于志愿者而言，组织具有更大的灵活性。四是持续性。组织因其具有组织目标，为实现组织目标，组织的活动更具稳定性和常态性，相比志愿者具有更可持续性的优势。

当能人赋能且组织能力提升后，会出现增权或还权的过程，在社区里才会为社区社会组织提供更多社区治理的空间。若由于社区治理所需，而在未赋能前盲目增权，社区社会组织未必有能力承载期许，也无法担此重责；若由于担心组织壮大难以管理，而在赋能后未给予其发展空间，社区工作人员的负担将会越来越重以致不堪重负造成人员流失。唯有赋能且增权的路径，才能够激活社区力量、调动居民的积极性，实现“小政府、大社会”的社会治理目标。

3. 生态环境建构

社区治理并非一方力量即可实现，而是需要靠社区内多种力量协作、共同推进而实现。社区社会组织与其他组织形态相同，都不是孤立存在，而是根植于所处社区的运行环境中的。培育社区社会组织工作也是需要靠多方协力才能够获得社会效益的，包括街乡与社区两委、专业社会组织、地区枢纽型社会组织、驻区单位等，由多种主体力量形成合力，共同助力社区社会组织成长发育，并发挥各自优势，营造组织发展的地方生态环境，才会更有效地发挥出社区社会组织的作用和优势。

（二）培育过程中的双向互动的过程

6年扎根时间转瞬即逝，除了自我知识架构和实务能力都有所提升外，更重要的是我与社区社会组织在一同成长的过程中，见证了社区社会组织从无到有、从有到优的变化过程。

培育组织并非单纯的工作，而是一种做事的逻辑，不仅满足自上而下的要求，还需要倾听自下而上的需求，实现两者中间的平衡，搭建其交流的平台，实现自上而下和自下而上的稳定与平衡。

其实培育社区社会组织与服务社区社会组织不同，服务组织更像是“授人以鱼”的过程，组织缺什么就给什么，久而久之会造成组织的依赖性；而培育组织更像是“授人以渔”的过程，由于组织自身有发展的需求，通过培育方的培力赋能和陪伴助力，实现组织的目标与期待，最终实现组织的自我运营。

而培育方与组织之间，其实也并非单向输出，而是双向互动的过程。组织固然需要培育方的培力陪伴，但培育方也同样需要组织的正向反馈才能具有坚持下去的动力。记得有一次专家巡视组来听汇报，当时社区社会组织负责人、社区书记主任一同进行汇报。当我们团队汇报之后，专家对我们所进行的组织培育工作提出质疑时，社区社会组织的负责人主动为专家们说明了我们的作用以及对于他们的支持，缓解了当时的紧张局面。组织负责人的这一举动，让我感受到了他对我们的认可与支持。类似的事情还发生在不同的组织和不同的时间，这些暖心点滴也成为我个人持续扎根6年的动力之源。

一路走来，研究兴趣从模糊到逐渐聚焦，身份也从实务工作者转换为实务研究者，但我对社区的感情始终没有改变，也更坚定这条路径是可以助益更多伙伴的。仅就培育社区社会组织这一主题，我希望将自己十余年的实务经验与研究成果梳理成书，分享给更多有需要的伙伴。

梁肖月
2021年5月31日
于清华大学

前　言

社区社会组织作为社区协商的主体力量之一，因其具有鲜明的“社区”特点，成为社会组织中最通民心、最接地气的一类组织。到2020年年底，我国社区社会组织总量虽然已经超过百万个，但是仍存在组织总量不足、发展不均衡以及整体发展质量不高等问题。因此，为推动社会治理重心向基层下移，打造共建共治共享的社会治理格局，需要继续大力培育和发展社区社会组织。

本书围绕社区社会组织培育的议题，分析社区社会组织培育的政策环境及理论视角，通过实务案例，梳理培育过程中的四大实务方法，即调查研究、培力赋能、陪伴助力、组织评估，最后总结出培育社区社会组织的要素及方法论。

一、社区社会组织培育的理论与实务框架

培育社区社会组织需要基于一定的理论知识与实务方法。在理论知识部分，分为政策环境分析与理论视角分析。其中：对于政策环境的分析，有助于理解社区社会组织的内涵和外延、作用与功能、特征及类型，以及组织培育的方向和要求；对于理论视角的分析，有助于理解社区社会组织的内部要素和组织的发展过程。在实务方法部分，培育方需要掌握培育前的调研方法、培育中的培力方法和陪伴方法以及培育后的评估方法，同时还需要具备组织培育的六要素和三大方法论，为社区社会组织的发展提供助力和支持。具体框架如下图。

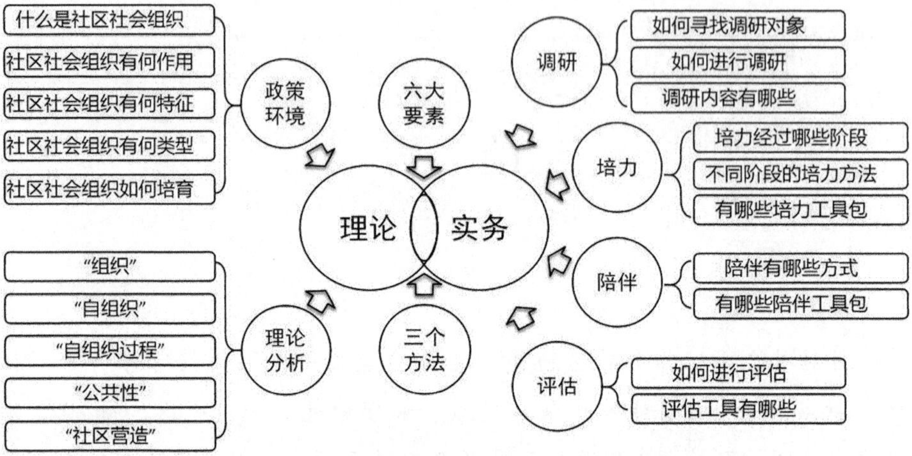

图　社区社会组织培育的理论与实务框架图

二、本书结构与各章内容

本书围绕社区社会组织培育的理论与实务框架，共分为七章内容。

第一章，社区社会组织培育的政策环境。首先，梳理出与社区社会组织有关的中央级政策文件；其次，分析社区社会组织的内涵和外延，阐述社区社会组织的五重性特征，并在社区治理中所具有的积极作用，梳理在四类划分标准下社区社会组织的不同类别；再次，分析社区社会组织培育的政策环境，通过社区社会组织的发展现状，明确组织培育的目标和培育方式；最后，分析了目前较为常见的组织培育经验模式。

第二章，社区社会组织培育的理论视角。首先，从组织理论出发，分析社区社会组织的内部基本要素；其次，通过自组织和自组织过程的理论视角分析社区社会组织的发展过程；再次，从社区社会组织参与社区公共事务的过程分析从“自益”到“益他”的公共性特征；最后，分析社区社会组织培育的实务理念。

第三章，社区社会组织培育前的调查研究。首先，梳理了组织培育前的调研目的、调研对象、调研方法、调研周期等内容；其次，阐述了调研的三个实务渠道；最后，分析社区社会组织调研的具体内容，包括地区基本情况、组织整体情况以及组织个体情况等方面。

第四章，社区社会组织培育中的培力赋能。在分析培力原则、培力方式、培力周期、培力内容的基础上，根据社区社会组织发展的不同阶段，分别梳理出“育种”“种子萌芽”“小苗”“成树”等阶段的培力赋能实务方法和流程，以及工具包的使用方法等内容。

第五章，社区社会组织培育中的陪伴助力。首先，分析陪伴助力的作用与方式、原则与要点等基本内容；其次，分别从陪伴助力的“线下”实务方法和“线上”实务方法阐述适用范围和实务流程，以及工具包的使用方法等内容。

第六章，社区社会组织培育后的以评促建。首先，分析组织评估的目的及原则；其次，阐述360度评估以及大数据评估等实务方法，以及工具包的使用方法等。

第七章，社区社会组织培育的要素与方法论。从失败案例思考如何培育社区社会组织，并总结提炼出培育社区社会组织所需的六要素和三大方法论，有助于培育方为社区社会组织提供助力和支持。

CONTENTS

目 录

·第一章·

社区社会组织培育的政策环境

基层社区治理已成为推动社会治理重心向基层下移，打造共建共治共享的社会治理新格局的重要环节。社区治理之所以尤为重要，源于所处的转型时期的大背景与大环境。随着经济的快速发展，城乡社区之间的差异逐渐增大。随着城乡人口流动率的增加，城市社区的居民由原来熟悉的街坊邻里变为“原子化”个体，以前的“单位人”变为如今的“社区人”，社区生活共同体里的信任缺失、关系冷漠，导致曾经的熟人社区如今难以再现。乡村社区也因为劳动人口大量外出打工，村里出现了越来越多的留守儿童和老人。

现阶段的城乡社区治理体系基本涵盖了政府、社会、商业三者力量间的协同关系，每种主体的立场有所不同，在基层党组织的领导下，调动各方力量、发挥出各方优势是多元主体力量协同治理的重要课题。

社区党委作为基层党组织引领整个社区的发展，社区村（居）委会作为基层群众性自治组织带领居民做好自我管理、自我教育和自我服务。然而社区两委在实际工作中却因为大量的行政性事务被赋予更多的角色，社区两委一站班子成员一人兼多职等现象的出现均导致社区工作者们承受着巨大的工作压力，如何有效实现社区“减负”成为基层工作的难题。

社会组织作为社会领域的专业力量，为更好实现政府职能的转移作用，社会组织承接了各类特殊群体的专项服务项目，本着“专业的人做专业的事”的原则，在多个领域长期开展专业服务。随着各级政府购买项目的实施，越来越多的社会组织纷纷落地社区，转型做起了社区服务项目。然而社会组织本身具有其专业的技术和方法，在当前社会组织数量依旧有限的情况下，社会组织面临着坚持本领域的专业性和跨领域承接项目以维系机构生存的两难选择。同时社会组织随着出资方及资金来源的变化，难以长期扎根于固定地区，当社会组织由于资金或机构原因被动撤出该地区时，其服务内容难以延续。如何实现社会组织良性运转以及社会组织服务的在地化移转，成为社会组织面临的难题。

社区里的商业企业是以营利为目的，且具有天然的逐利性，很难有时间与精力参与社区治理。尤其是小型商业企业面临人员流动性强、生存压力大等实际困境，虽然与街区结为共建单位，但多数企业一般会以场地、物资等资源作为共建资本，或阶段性地志愿参与街区某项公益活动，但持续性相对较低。如何在企业经营发展的同时，还能与其他主体共同协作参与社区治理，成为企业在社区治理中无法回避的难题。

基于以上社区治理中各方主体力量所存在的难点，区别于政府部门、商业企业以及外来社会组织的内生型社区社会组织应运而生，并且作为社区治理中的又一主体力量显得尤为重要且迫切。本章将从城乡社区治理的政策分析入手，逐步分析社区社会组织是谁、社区社会组织能做什么，以及培育社区社会组织有哪些政策环境。

一、城乡社区治理政策中的社区社会组织

最早关于社区建设的政策文件可以追溯到2000年由中共中央办公厅和国务院办公厅（以下简称“两办”）发布的《民政部关于在全国推进城市社区建设的意见》，文件提出：“大力推进城市社区建设，是新形势下坚持党的群众路线、做好群众工作和加强基层政权建设的重要内容，是面向新世纪我国城市现代化建设的重要途径。”“社区建设是指在党和政府的领导下，依靠社区力量，利用社区资源，强化社区功能，解决社区问题，促进社区政治、经济、文化、环境协调和健康发展，不断提高社区成员生活水平和生活质量的过程。”当时提及了加强社区党组织、社区居民自治组织以及社区工作者队伍的建设要求。

在2015年时，“两办”印发了《关于加强城乡社区协商的意见》，明确了社区协商的主体是：“基层政府及其派出机关、村（社区）党组织、

村（居）民委员会、村（居）务监督委员会、村（居）民小组、驻村（社区）单位、社区社会组织、业主委员会、农村集体经济组织、农民合作组织、物业服务企业和当地户籍居民、非户籍居民代表以及其他利益相关方可以作为协商主体。”虽然社区社会组织只提到一次，但却确定了其社区协商主体的地位。

2016年，“两办”印发的《关于改革社会组织管理制度促进社会组织健康有序发展的意见》提出：“深入贯彻党的十八大和十八届二中、三中、四中、五中全会精神，进一步加强社会组织建设，激发社会组织活力。”并特别明确提出“大力培育发展社区社会组织”的要求，“对在城乡社区开展为民服务、养老照护、公益慈善、促进和谐、文体娱乐和农村生产技术服务等活动的社区社会组织”降低准入门槛、积极扶持发展以及增强服务功能。

2017年，《中共中央、国务院关于加强和完善城乡社区治理的意见》进一步强调了“统筹发挥社会力量的协同作用”，并且要求“大力发展在城乡社区开展纠纷调解、健康养老、教育培训、公益慈善、防灾减灾、文体娱乐、邻里互助、居民融入及农村生产技术服务等活动的社区社会组织和其他社会组织”。2017年12月，民政部颁布了以社区社会组织为主体的政策文件，即《民政部关于大力培育发展社区社会组织的意见》（以下简称《意见》）及政策解读文件，明确提出了社区社会组织的定义、作用、分类指导思路、培育要求和扶持管理等内容。

2020年，民政部办公厅印发《培育发展社区社会组织专项行动方案（2021—2023年）》（以下简称《专项行动方案》），提出需要“推动社区社会组织在创新基层社会治理中更好发挥作用”。在同月民政部发布的专项行动方案的政策解读文件《贯彻落实新时代新发展要求　推进社区社会组织高质量发展》中（以下简称《专项行动方案》解读文件），明确提出社区社会组织工作的重要性、面临的新形势及新要求。

2021年，为落实《专项行动方案》，民政部办公厅发布《关于推动社会组织开展“邻里守望”关爱行动的通知》，详细部署推动社会组织开展

“邻里守望”关爱行动的有关事项及内容。同年8月，民政部办公厅印发《社区社会组织章程示范文本（试行）》的通知，进一步加强社区社会组织的内部管理规范。

2021年，在国家发展改革委关于印发《2021年新型城镇化和城乡融合发展重点任务》的通知中提出“提升城市治理水平”的重要意义，同时指出由“民政部、住房城乡建设部以及市场监管总局共同负责”，“引导社区社会组织、社会工作服务机构、社区志愿者、驻地企业单位等共同参与社区治理”。

以上关于城乡社区治理的政策文件梳理图见图1-1。

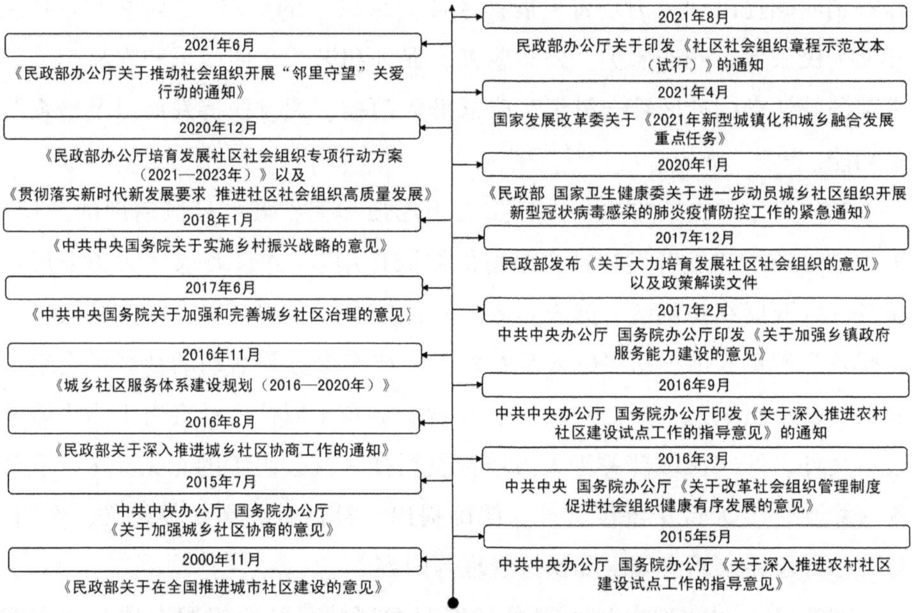

图1-1 中央级关于城乡社区治理的政策文件梳理图

二、社区社会组织的内涵及外延

（一）社区社会组织的五重性特征

《意见》中指出：“社区社会组织是由社区居民发起成立，在城乡社区开展为民服务、公益慈善、邻里互助、文体娱乐和农村生产技术服务等活动的社会组织。"《专项行动方案》解读文件对社区社会组织的定义做了调整："社区社会组织是由本社区为主的社区居民、驻区单位发起成立，在城乡社区开展为民服务、公益慈善、邻里互助、平安建设、文体娱乐和农村生产技术服务等活动的社会组织。"

与2017年《意见》中的定义相比，2020年《专项行动方案》解读文件的定义增加了两个内容：第一，将发起成立的主体由"社区居民"变为"本社区为主的社区居民、驻区单位"，明确了社区居民和驻区单位的地域范围即以"本社区为主"。同时发起主体除了社区居民还增加了驻区单位，具体可以理解为驻区单位的员工或职工作为发起的主体。然而由于社区社会组织最终的性质还是社会组织，即具有非营利性和非政府性，因此驻区单位的员工可以作为发起主体，即其本职工作可以是营利性的，然而其所发起成立的社区社会组织却需要保持非营利性，需要发起主体能够明确区分自己的身份和组织性质。第二，社区社会组织所开展的活动内容增加了"平安建设"，民政系统的平安建设工作条线也将社区社会组织作为其考核指标之一。

除了政策文件中对于社区社会组织的定义外，其实自20世纪90年代以来，由于我国的社区建设事业蓬勃发展，学者们对于社区社会组织的研究也日益丰富。社区社会组织作为社区建设的新的社会元素，正在引发社区服务模式的积极变迁（王瑞华，2007）。社区社会组织多以社区居民为主体发起成立（赵罗英 等，2014），而自发形成的组织形态又与"他组织"相对应（李智超 等，2011），社区社会组织在城乡社区中开展一系列活动，有其自身开展活动的范围，所开展的活动内容是与社区居民生活需求相关的活动（郁建兴 等，2011），社区社会组织在社区内主要开展公益性或服务性的活动（耿云，2013）。

根据政策分析和文献梳理，笔者认为社区社会组织具有五重性内涵，即主体性、地域性、非营利性和非政府性、行动性以及双重身份统一性，也是社区社会组织区别于其他组织形态的显著特征。

1. 社区社会组织具有主体性

在2017年的《意见》中明确社区社会组织是“由社区居民发起成立”，在2020年《专项行动方案》解读文件中也指出社区社会组织是“由本社区为主的社区居民、驻区单位发起成立”，均明确了社区社会组织具有发起成立的主体性特征。同时《专项行动方案》解读文件还明确提出：“社区社会组织不是基层政府的附属机构，而是居民自我管理、自我服务的组织形式，其主体应当是居民群众，其活动本质应当体现居民的意志和需求。只有做到群众发起、群众参与、群众受益，才能真正调动居民群众积极性，形成社会参与的有生力量。”

主体性特征主要表现在以下四个方面。

（1）组织在成立过程中的决策主体是居民群众。例如在社区里显而易见且占大半壁江山的兴趣类社区社会组织，首先是由数位喜爱唱歌、跳舞或书画的居民群众组织在一起，并且由这些居民主张希望长期或固定期开展唱歌、跳舞或书法绘画等活动，同时具有成立合唱队、舞蹈队或书画社的意愿，作为组织的发起者提出成立相应的社区社会组织。这些居民群众便是社区社会组织的决策主体。

（2）组织在运行过程中的责任主体是居民群众。为社区社会组织的成立进行决策的这些居民，同样也是社区社会组织经历发展、兴盛、衰退、消亡等各个关键阶段的责任主体，通常情况下这些居民群众将会对组织的发展运行负责。

（3）组织在活动过程中的主张主体是居民群众。在社区社会组织的活动内容选择上，这些组织的决策者和责任人同时也是活动内容的主张者，主动提出希望开展何种内容或何种形式的活动。

（4）组织在发展过程中的自治主体是居民群众。在社区社会组织长时间的发展过程中，正是由于以上这些决策者、责任人或主张者对组织进行自我管理、自我发展、自我运转和自我造血，因此一个社区社会组织的发展离不开这些负责组织决策和管理的居民群众。

社区社会组织的居民群众主体性特征区别于其他主体，例如社区两委、外来社会组织，具体的作用是更加体现出社区居民群众的意愿，也更加重视居民的需求，同时会更加发挥出居民的主观能动性，鼓励居民思考自己真正想做的事情、能做的事情、为谁做事情，最后是激发居民群众自主行动的意愿和能力。

2. 社区社会组织具有地域性

社区社会组织由于具有主体性特征，因此也会进一步影响第二个特征即“地域性”的出现。

地域性特征主要表现在以下三个方面。

（1）社区社会组织的活动范围具有地域性特征。由于社区社会组织由居住在本社区的居民群众发起与组成，因此对于社区社会组织开展活动的地点通常会选择在本社区，或以本社区为中心。

（2）社区社会组织的活动内容具有地域性特征。由于社区社会组织开展活动的范围以本社区为主，因此社区社会组织所开展的活动内容一方面会受到本社区风俗习惯的影响，另一方面会受到本社区硬件条件的影响。

（3）社区社会组织的参与者和受益者具有地域性特征。由于社区社会组织会以本社区为活动地点，因此参与社区社会组织活动的人群会以本社区为主，同时社区社会组织开展服务活动的受益者也会以本社区为主。

社区社会组织的地域性特征具体表现为以本社区为中心，不论是活动范围、活动内容还是活动的参与者或受益者。然而随着社区体制的改革，有的试点社区逐渐变为大社区的治理模式，即打破小社区的地理范围的界限，进而扩大到一个街道（或乡镇）的大社区的范围。因此，通常社区社会组织的地域性多会表现在小社区的范围内开展活动，也有一部分社区社会组织会扩大到大社区即乡镇街道的范围内开展活动。

3. 社区社会组织具有非营利性和非政府性

《意见》中对社区社会组织最后的性质定位为社会组织。而社会组织是区别于政府部门和商业企业的社会力量，即社会组织是非政府部门，具有非政府性；同时社会组织也非商业企业，具有非营利性。与社会组织具有相同性质的社区社会组织，也同样具有非政府性和非营利性的特征。

4. 社区社会组织具有行动性

社区社会组织会在社区里开展各种活动，例如在城市社区中会开展文体娱乐、公益服务、邻里互助等活动，在乡村社区除以上几种活动外，还有生产技术服务活动。因此，社区社会组织的价值会在不断的行动中获得体现，其作用也会随着活动而不断发挥出来。同时，只有社区社会组织保持不断的行动状态，才会避免变成“僵尸”组织或导致组织的消亡。

5. 社区社会组织具有双重身份统一性

社区社会组织在社区中是一种非常特殊的组织形态，由于其具有主体性，所以社区社会组织来自社区居民群众；同时社区社会组织又因其具有地区性和行动性的特征，因此参与社区社会组织活动或是被社区社会组织服务的也是社区居民群众。简而言之，社区社会组织既来自于民又服务于民，具有双重身份的统一性，因此也成为基层社区治理的重要力量之一，也是社区服务体系中的重要力量之一，更是社区建设、社区协商的主体之一。

综上，社区社会组织因为具有主体性、地域性、非营利性和非政府性、行动性以及双重身份统一性五重性特征，因此培育和发展社区社会组织，对于加强社区治理体系建设、推动社会治理重心向基层下移，打造共建共治共享的社会治理格局具有重要作用。

（二）社区社会组织的积极作用

在2017年《意见》中明确提出社区社会组织的积极作用表现在提供社区服务、扩大居民参与、培育社区文化以及促进社区和谐。在2020年《专项行动方案》中详细提出了社区社会组织作用发挥的实施计划，包括“邻里守望”社区志愿服务系列活动、“共建共治共享”社区协商系列活动、“共创平安”社区治理系列活动以及“文化铸魂”精神文明创建系列活动。

根据政策文件的指引，社区社会组织在社区生活中主要体现出四个不同层次的作用。

1. 联结社区居民的关系网络，打造熟人社区环境

社区社会组织是在基层社区治理体系经历了从单位制到街居制再到社区制的变迁过程（何海兵，2003）后出现的特殊组织形态，可以说社区社会组织是随着社会发展变化而出现的一种新生事物。如前所述，现阶段城乡社区存在着信任关系缺失、邻里关系冷漠、社区原子化等现象，因此社区社会组织的出现最先发挥的作用是重新再造熟人社区环境，通过组织的形式增进生活共同体成员间的关系网络，实现社区居民之间社会关系重建的目标。

2. 促进社区居民的自我组织，扩大居民参与渠道

社区社会组织在重建社区居民之间关系网络之后，由于其具有主体性和自治性等特征，能够自主决策和设计满足自身需求的活动，并且在自家门口就能够以社区社会组织的形式开展与精神文化及日常生活相关的活动，无形中扩大了社区居民自主参与社区事务的渠道和机会。在促进以社区居民为主体的自我组织发展的同时，也发挥了扩大社区居民参与社区活动的作用。

社区社会组织与社区居民或社区志愿者最大的不同是组织集合体与个体的差异。目前社区志愿者的动员和注册在每个社区都在开展，然而动员起来的社区志愿者只是以个体形式参加志愿活动，难以扩张至更大群体。然而社区社会组织的规模为几个至几十个甚至上百个成员，每个社区社会组织平均以 20 个成员的规模来计算，如果一个 2000 户、5000 人规模的社区能够有 10 个社区社会组织，则仅社区社会组织凝聚起来的社区居民就能够达到 200 人左右，相当于有 10%左右的家庭能够与社区两委保持紧密联系。而社区社会组织因其五重性特征，还会以社区社会组织为主体不断招募和吸纳更多社区居民，可覆盖面和可扩展面要远远大于社区志愿者。因

此社区社会组织除了发挥重建熟人社区的作用外，也可以扩大社区居民的参与规模和参与渠道。

3. 提高社区居民的公共精神，营造互助服务氛围

由于社区居民的生活或精神需求多元，不同居民群体的需求也存在个性化的差异，因此将大大提高因社区服务所投入的人力和时间。虽然在社区内大部分社区居民会采用付费的商业服务模式，少部分社区居民是采用政府兜底的保障模式，然而在社区还有很多公共事务很难采用商业服务模式或是政府保障模式，例如停车问题、业主与物业的纠纷问题、社区环境保护问题、养犬户与非养犬户融合问题、本地居民与流动人口的融合问题等。由于出现这些与社区居民生活息息相关，但又影响社区居民幸福感、归属感的问题，因此社区社会组织的互助服务功能和作用显得尤为重要。

社区社会组织由于具有行动性和地域性，在社区开展活动的参与群体和受益群体均以本社区居民为主，因此对于提供社区服务和培育社区文化具有积极的作用。俗话说“远亲不如近邻”，社区社会组织成员通过长期的互动、彼此产生信任关系之后，会出现双向或单向的服务功能。

（1）双向服务功能。能够发挥邻里互助的功能和作用，不论是唱歌跳舞还是便民维修，各种类型的社区社会组织都是来自于民且服务于民的特殊组织形态，实质可以理解为社区居民服务于社区居民，而服务对象和被服务对象有时会具有同一性。例如社区便民维修队里提供服务的社区居民也会成为最先享受到服务的居民，由于其了解维修信息，可以第一时间找到为自己进行维修的队员，从而实现双向服务的互助功能。

（2）单向服务功能。除了邻里互助这类具有双向服务的功能外，还会出现社区社会组织为特定群体进行单向服务的现象，即服务对象和被服务的对象往往是不同的社区居民。例如社区社会组织会为社区高龄、独居、空巢等特征的老年群体提供看望、照扶等服务，或是为残障人士提供培力或赋能等服务，再或是为特困群体或失独家庭提供慰问等服务，而这些服务基本都是单向的而非双向的过程。

社区社会组织无论发挥何种服务功能，都是形塑社区居民公共精神的过程，并且从原来的被服务对象转变为开始思考自己可以为何种群体提供其所需的何种服务，从而营造社区整体互助服务的氛围。

4. 提升社区居民的主人翁意识，形塑文化促进和谐

由于是社区居民自主设计和实施的活动，提升了社区居民的主人翁意识，并且通过开展各类丰富的生活及文化活动，会形塑本社区的社区文化。社区文化最为重要的是社区居民参与其中，并且社区居民对于社区文化具有认同感，在共事的过程中将会逐步达成共识，也逐步发展为真正的社区文化。当社区居民自主开展的活动深入人心，无形当中会提高社区居民对本社区的认同感、归属感、责任感以及荣誉感，实现社区文化培育的作用。

同时社区社会组织在行动过程中，也会化解社区居民之间的矛盾。由于社区社会组织成员的身份是社区居民，在行动过程中更容易与其他居民产生同理心，也会站在同一立场上看问题，虽然清官难断家务事，但面对社区居民之间的问题，社区社会组织能够起到一定的调节作用。与此同时，通过具有交往理性也会共同监督和约束彼此的言行，实现促进社区和谐的作用。

（三）社区社会组织的类型分析

社区社会组织可以按以下四个划分标准进行分类：按照是否备案或登记进行划分、按照乡镇街道办事处或社区居委会实际管理的归属范畴进行划分、按照社区社会组织活动的内容和类型进行划分、按照组织的人员构成进行划分。

1. 以是否备案或登记为分类依据

在 2017 年《意见》的政策解读文件中明确提出按照组织化程度高低，可以细化为三种组织分类指导思路。

第一类是社区社会组织能够达到“所在地县（区）级人民政府民政部

门办理登记的程度”，并在民政部门依法办理登记注册手续，成为正式的社会组织，例如成为社会团体、社会服务机构或是基金会。

第二类是虽然没有达到登记条件或程度，但是所在的乡、镇、街道办事处具有备案管理制度，经过审核进行了备案手续，则“由街道办事处（乡镇政府）按照不同规模、业务范围、成员构成和服务对象实施管理”。但由于此类组织暂无独立的法人身份以及独立的机构账户，无法承接政府购买服务项目或是接受捐赠款项。

第三类是既没有在民政部门登记注册，也没有在乡镇街道等部门进行备案。往往这类社区社会组织具有“单个组织活动的规模小、临时性以及组织结构松散”的特征，一般由社区党组织领导，基层群众性自治组织即社区居委会对其活动进行管理和指导。

2. 以实际管理的归属范畴为分类依据

跟第一种分类方法密切相关，即根据管理部门的不同，可以分为各级民政部门管理、乡镇街道办管理以及社区两委管理三种类型。

第一类的社区社会组织管理部门通常有两个：一个是负责登记注册的管理部门，即提交登记注册和年度检验的相关民政部门；另一个是业务主管单位，一般是所在乡、镇、街道办事处。此类社区社会组织需要受到两个管理部门的共同管理，一个是负责机构管理，另一个是负责业务管理。

在2016年由两办印发的《关于改革社会组织管理制度促进社会组织健康有序发展的意见》中提到“行业协会商会类、科技类、公益慈善类、城乡社区服务类”四类社会组织可以“直接向民政部门依法申请登记”，因此有一部分社区社会组织也会只有一个管理部门。

第二类的社区社会组织管理部门为乡、镇、街道办事处。

第三类的社区社会组织管理部门为社区党组织和社区居委会，即由社区党组织进行领导、由基层群众性自治组织进行管理和指导。

以上两类的组织关系见表1-1。

表 1-1　按组织化程度高低与按管理部门分类的组织关系表

按组织化程度高低	按管理部门
已登记	县、区级民政部门（负责机构管理） 乡、镇、街道（负责业务管理）
已备案，但未登记	乡、镇、街道
未登记，也未备案	基层党组织—社区党委 基层群众性自治组织—社区居委

3. 以活动内容和类型为分类依据

在 2017 年《意见》中，未对此类分类依据进行组织类型的划分，然而学者对此已有相关的研究成果。例如有的学者按社区社会组织的活动内容分为公益慈善类、生活服务类、促进参与类、文体活动类、教育培训类以及权益维护类，也有学者分为社区服务类、社区事务类、文化体育类、慈善救助类、社区维权类等（郁建兴 等，2011；夏建中 等，2012）。

笔者认为社区社会组织根据活动内容可以划分为九类。

第一类是兴趣类。通常为社区居民根据兴趣爱好自发组织而成，在社区里的数量较多，活跃度较高，自治性也相对较强，如合唱队、舞蹈队、艺术团、摄影队、书画社、编织队等。

第二类是教育类。主要进行一些文体娱乐或知识技能的教育培训等活动，数量也较多，如老年大学、各种社区培训班等。

第三类是环境保护类。在社区内定期进行环境维护，包括铲除小广告、疫情期间的消杀等内容，如环保队、“绿袖标”、垃圾分类督导小组、绿色守护队等。

第四类是服务类。此类组织会具有特定的服务对象，对特定群体提供特定服务内容，包括助老助残服务、特困家庭帮扶、便民理发、家电维修等内容，如社区里的义工服务队、为老服务队、小修维修队等专项或专业服务类组织。

第五类是互助类。与服务类不同，互助类没有特定服务对象，但依然会有服务内容存在，但这种服务内容通常表现为双向互动的过程，既有往也有来，如邻里互助队、邻里守望队等。

第六类是自治类。自治类组织通常为社区内较小地理范围的自治自管组织，通常一个楼门或一个楼栋就可以出现一个自治类组织，如某某楼自治委员会、某某楼栋小组、值班巡逻队等。

第七类是慈善类。主要开展社区里的慈善服务，如社区里的志愿服务队、志愿者协会、慈善超市、公益银行等。

第八类是支持类。在社区里开展某类专项服务的组织，以及一些支持型或枢纽型的组织，有些支持类组织已经在相关民政部门登记注册为实体社会组织。如社区社会组织联合会、社会组织服务中心、老年协会等支持型或枢纽型组织。

第九类是维权类，如业主委员会（简称“业委会”）。业委会与其他类型的社区社会组织不同，因在其成立之时即有公章，在《中华人民共和国民法典》中也有明确关于业主委员会的法律规定，因此业委会是一种较为特殊且重要的社区社会组织类型。

4. 以组织的人员构成为分类依据

根据组织的人员构成可以分为居民参与型社区社会组织和非居民参与型社区社会组织（陈洪涛 等，2009）。非居民参与型社区社会组织的成员由具备相关专业知识、具有相关从业经历或拥有一定社区资源的人员构成，通常包括专业社会组织从业者、相关领域的社区工作者或社会工作者、驻区单位的工作人员以及其他非居民成员。居民参与型社区社会组织的成员均为本社区的常住居民。

三、社区社会组织培育的政策环境

（一）社区社会组织的发展现状

在 2018 年底时，我国社区社会组织数量已将近 40 万个，然而具备登记标准的只有6.6万个，大部分社区社会组织仍处于初级程度。2020年12月，《专项行动方案》解读文件提出，“近年来在各地培育发展工作推进下，社区社会组织数量持续发展，2020年底各地民政工作综合评估材料显示总量已超过百万”，“但总体看，目前我国社区社会组织还存在总量不足、东中西部发展不均衡、公益性组织占比不高、群众参与不足、作用发挥不充分等问题，整体发展质量还不高”。

根据笔者实际调研观察，现阶段社区社会组织个体层面具有的特征包括：第一，组织目标不明确。难以实现组织成员约定的目标，组织发展方向不明确，往往是长立志而非立长志。第二，组织规模差异较大。有的组织只有几人或十几人的规模，但有的组织会有几十人甚至上百人的规模，组织规模也会影响组织内部分工合作及行动力发挥。第三，组织结构不稳定。由于组织规模的缘故，过小的组织很难形成正式化的组织结构，过大的组织难以实现组织结构稳定。第四，组织活动频率低且非常态化。组织活动受到组织目标不明确的影响，会出现组织活动时有时无，缺乏长期且持续开展活动的能力，造成组织成员动力不足，出现组织僵尸化或消亡的现象。第五，组织活动内容缺乏服务性或共益性。大部分社区社会组织的活动内容为兴趣类或是文体娱乐类型，依然停留在自娱自乐的状态，鲜少具有持续的服务性或共益性活动。根据以上基本情况，进而分析社区社会组织培育的政策环境。

（二）社区社会组织的培育目标

2016年11月，“根据党的十八大和十八届三中、四中、五中、六中全会精神以及《中华人民共和国国民经济和社会发展第十三个五年规划纲要》，制订了城乡社区服务体系建设规划（2016—2020年）”，首次对社区社会组织培育工作提出量化指标，提出“力争到2020年，城市社区平均拥有不少于10个社区社会组织，农村社区平均拥有不少于5个社区社会组织”的要求，直接推动了社区社会组织数量的增加。同时还提出培育社区社会组织的方向，即“支持城乡社区群团组织发挥各自优势参与社区服务活动，大力培育服务性、公益性、互助性的城乡社区社会组织”，并且明确了社区社会组织在“三社联动”机制中的具体定位，“发挥社区的基础平台作用、社区社会组织的服务载体作用、社会工作者的专业支撑作用”，“建立居民群众提出需求、社区组织开发设计、社会组织竞争承接、社工团队执行实施、相关各方监督评估的联动机制”。

2017 年 12 月，“为贯彻落实党的十九大关于‘加强和创新社会治理’的精神”，《意见》明确了培育发展社区社会组织的目标：“培育发展社区社会组织，对加强社区治理体系建设、推动社会治理重心向基层下移、打造共建共治共享的社会治理格局，具有重要作用。”同时明确发展重点，“加快发展生活服务类、公益慈善类和居民互助类社区社会组织。重点培育为老年人、妇女、儿童、残疾人、失业人员、农民工、服刑人员或强制戒毒等限制自由人员的未成年子女、困难家庭、严重精神障碍患者、有不良行为青少年、社区矫正人员等特定群体服务的社区社会组织。”

在 2020 年底时，《专项行动方案》及其解读文件更加明确社区社会组织培育发展的目标，提出“要把社区社会组织培育发展工作纳入城乡社区治理总体布局”。由于“社区社会组织一头连着基层党委政府，一头连着万千社区居民”，因此，“社区社会组织是居民群众参与基层协商、实现基层民主的有效渠道，是社区管理服务的重要力量，是社区公益慈善和志愿服务的重要主体，是服务社区老人、儿童、妇女、残疾人等特定群体的重要力量，也是基层群众矛盾纠纷化解的重要载体”。“力争到 2023 年，社区社会组织在结构布局上进一步优化，服务各类特殊群体的能力进一步增强”，使社区社会组织能够“成为居民参与社会治理和社区服务的有效载体”，也能够“成为推进城乡社区治理的重要力量”。由于培育发展社区社会组织是一个具有系统观念的工作，需要科学把握系统关系，例如“处理好党委政府引领和社区群众主体的关系”“处理好发展数量和发展质量的关系”以及“处理好组织发展和作用发挥的关系”等。“社区社会组织工作必须坚持党委领导、政府主导和社会协同、公众参与的有机统一”，“社区社会组织只有在基层党组织的领导下才能保证方向正确，居民自治只有与政府治理形成良性互动，才能确保将群众积极性有效凝聚为国家治理能力”。然而，“社区社会组织不是基层政府的附属机构，而是居民自我管理、自我服务的组织形式，其主体应当是居民群众，其活动本质应当体现居民的意志和需求。只有做到群众发起、群众参与、群众受益，才能真正调动居民群众积极性，形成社会参与的有生力量”。由于目前我国社区社会组织的“整体发展质量还不高”，社区社会组织工作“必须树立科学的目标导向，推进数量和质量的协同发展，以高质量发展助推基层治理水平提升”，需要“避免简单追求数量的做法”，更“不能将增强基层群众组织能力和参与能力的长期工作，简化为增加社区社会组织数量的短期任务”。“培育发展工作的内容也不应止步于组织的孵化培育和登记在册，更重要的是建立起支持社区社会组织提升能力和发挥作用的机制”。

（三）社区社会组织的培育方式

社区社会组织的培育工作涉及多层级、多领域，采用的培育方式也相对多样化。

1. 培育社区社会组织涉及基层政府及相关部门、社区党组织、基层群众性自治组织等多元力量

《专项行动方案》明确提出“民政部社会组织管理局、基层政权建设和社区治理司、慈善事业促进和社会工作司按照各自职责分工，分别抓好相关指导工作”。同时“社区社会组织要在城乡基层党组织的领导、基层群众性自治组织的指导下”开展各项活动。根据《民政部关于在全国推进城市社区建设的意见》，“社区党组织是社区组织的领导核心，在街道党组织的领导下开展工作”。根据1990年施行的《中华人民共和国城市居民委员会组织法》和1998年施行的《中华人民共和国村民委员会组织法》，居民委员会是居民自我管理、自我教育、自我服务的基层群众性自治组织，村民委员会是村民自我管理、自我教育、自我服务的基层群众性自治组织。

由此可见，培育社区社会组织需要从各级政府管理部门到基层群众性自治组织共同推进，各负其责，才会建立一套社区社会组织发展的生态系统。近些年，出现了越来越多专业培育社区社会组织的社会力量，以及街区内生的社区社会组织服务中心等枢纽型或支持型组织，也扎根在基层社区与政府部门共同做好培育社区社会组织的工作。

2. 培育社区社会组织的方式呈现多样化特征

《意见》中倡导，有关部门加大对社区社会组织发展的资金支持力度；推动基层政府支持社区社会组织承接政府购买服务；鼓励设立社区发展基金会，为社区社会组织提供资助；鼓励基层群众性自治组织为社区社会组织开展的服务活动提供一定经费和服务场地支持；建立社区社会组织综合服务平台，支持社区社会组织开展公益活动；探索建立社区社会组织孵化培育基地，为初创的社区社会组织提供公益创投、补贴奖励、活动场地、费用减免等支持。

《专项行动方案》中，“进一步明确培育发展导向，制订培育发展规划，完善培育发展机制，落实培育发展资金”，“既不能将社区社会组织工作简单视为群众自娱自乐而不投入管理资源、不予以引导支持；也不能越俎代庖，以行政命令代替群众志愿、以政府管理替代居民自治，阻碍群众自我组织和志愿参与的积极性”。明确提出要“推进社区社会组织支持平台建设”，通过建设社区社会组织联合会、社区社会组织孵化基地，“为社区社会组织提供党建引领、培育孵化、资金代管、人员培训等综合服务和指导支持”，并且“通过政府购买服务、公益创投、社会支持等多种渠道支持社区社会组织培育发展”。

根据中央政策文件的要求，地方政府也制定了关于培育社区社会组织的实施细则，明确了各级政府部门对于社区社会组织培育的具体实施方法。以北京市为例，2019 年 8 月施行的《北京市居（村）民委员会下属委员会工作指导规范》中明确提出“各下属委员会依据各自职责，通过公益项目实施，吸纳更多城乡居民参与，发现和培养城乡社区社会组织牵头人，支持和培育城乡社区社会组织，实现每个下属委员会都有相应的城乡社区社会组织”。2020 年 1 月施行的《北京市街道办事处条例》中提出：“街道办事处应当推进建立辖区社会组织联合会，通过购买服务、公益创投、补贴奖励、活动场地费用减免，以及资源支持、项目承接、人员培训等方式，鼓励、引导各类社会组织参与辖区治理和服务。”

由此可见，社区社会组织培育方的多元化促进培育方式的多样化，从中央政府的政策支持到地方政府的资金支持，再到基层政府的制度保障，以及来自街道、社区两委、下属委员会多方面的共同协力，形成社区社会组织多元化的培育模式。

（四）社区社会组织培育的经验模式

社区社会组织培育的地方经验和模式比较丰富，根据培育方的差异出现不同的培育方式。主要有以下三种方式。

1. 社区两委作为主要培育方，外来社会力量进行助力

根据政策文件的分析，社区社会组织是在社区党委的领导和社区居（村）委的指导下开展各项活动的，社区两委与社区社会组织有着天然且密切的联系，是社区社会组织的首要支持方。社区社会组织最早被称为某某队、某某班、某某组，例如在社区常见的各类舞蹈队、合唱队、书画班等，属于早期社区社会组织类型。在没有外来专业力量进入社区之前，培育社区社会组织的工作一直是以社区两委为主体进行推动的。

以北京市为例，早期社区社会组织形成的方式主要有三种：第一种是社区工作者通过张贴招募通知，找好专业老师，以培训班或兴趣班的方式慢慢发展起来，一部分兴趣班后来发展成为兴趣类组织或教育类组织；第二种是因为兴趣爱好自发形成的队伍，多以兴趣类组织为主；第三种是社区工作者根据六大委员会的工作要求组织起来的志愿服务性的团队，例如社区巡逻队、志愿服务队等。以上几类社区社会组织均是在社区的认可和支持下开展活动，社区两委会为其提供场地支持、表演机会以及部分服化道等

资源的支持，社区工作者也成为最早的社区社会组织培育者。根据《民政部关于在全国推进城市社区建设的意见》精神，2008 年北京市委市政府印发加强社会建设“1+4”文件，包括《北京市加强社会建设实施纲要》以及《关于进一步加强和改进社会领域党建工作的意见》《关于加快推进社会组织改革与发展的意见》《北京市社区管理办法（试行）》《北京市社区工作者管理办法（试行）》。在政策环境的支持下，社区两委逐步开始有了社区公益金、党员服务群众等经费，街道办事处（乡镇）也逐步开始加大政府购买社会力量的资金支持。在 2008 年以后，由于政策推动、北京奥运的举办以及社区公益资金的使用等原因，社区社会组织的数量有所增加，社区两委依然作为主要培育方，不仅提供场地、物资等支持，还会给予社区社会组织一定的资金支持，使社区社会组织的活动内容更加丰富。同时街道（乡镇）、社区两委也购买了外来专业社会组织的服务，作为社区社会组织培育的助力方，对于社区社会组织的发展起到了一定的推动作用。

例如北京市东城区龙潭街道左安浦园社区以社区两委为主体，从 2014 年开始培育社区社会组织。2015 年，由于龙潭街道与恩派非营利组织发展中心合作，以政府购买服务的方式开展了街道首届社区社会组织的培育项目即“社区创益大赛”，外来专业社会组织力量在全街道范围内开展了组织培育的工作。左安浦园社区申报的公益项目达到 14 个之多，进入立项阶段的有 10 个项目，在全街道评比中，最终有 6 个项目获得了街道资金的支持。而左安浦园社区两委作为本社区社会组织的主要培育方，在街道项目之外，本社区又以社区资金支持了其他 8 个项目的开展。通过社区两委的不断总结探索、改进优化，以社区党委为领导、社区居委为指导、社区社会组织为主体，逐渐形成了本社区的“公益认领”模式。社区两委会先将社区居民的需求梳理成为服务清单，并以认领方式在社区内进行发布，由社区两委培育出来的社区社会组织以项目认领的方式开展居民需求服务，进而在实施认领项目过程中继续开展对社区社会组织的培育工作，同时带动新的社区社会组织的孵化过程，形成了以社区两委为主要培育方、外来社会力量为助力的社区社会组织培育的模式。①

2. 外来专业力量作为主要培育方，政府部门提供大力支持

随着《国务院办公厅关于政府向社会力量购买服务的指导意见》等政策文件的发布，政府购买服务项目越来越多，各种外部力量逐渐扎根社区，进行各种社区公益服务项目，其中包括社区社会组织培育的项目。外来社会力量也包括外来专业性社会组织、商业企业尤其是房地产企业以及高校学术研究团队。以上外来社会力量在社区中作为主要的培育方，在社区两委的引领和支持下，探索培育社区社会组织的多元模式。

（1）专业社会组织作为主要培育方。

以北京市朝阳区创享计划为例。朝阳区创享计划自 2015 年开始已经举办七届之久，是朝阳区民政局与恩派非营利组织发展中心合作的项目，其目的是激发自治主体参与社区治理，推动社区居民自治和共商共治的工作模式，其目标是扩大社区居民参与、进行社区居民动员以及培育社区社会组织。朝阳区民政局和各街乡提供资金支持和制度保障，恩派非营利组织发展中心作为统筹方负责项目推进，每个街乡可以根据自己的情况与伙伴机构（专业社会组织）进行合作开展项目的具体实施工作。各社区的社区社会组织在伙伴机构的培育下，自主申报社区公益项目，提高组织化程度，社区工作者作为社区联系人支持和助力社区社会组织的发展②。

（2）商业企业作为主要培育方。

以上海市嘉定区信义嘉庭小区为例。信义房屋作为小区开发商，自 2015 年楼盘销售开始后，其公司的社区营造部门运用前置型社区营造的理念和方式对还未入住的居民建立关系网络，即在居民未入住前即进行社区营造，凝聚社区共识，提高居民从购屋到入住的品质；在居民入住后，开展社区建设工作，实现由开发商、居委会、居民、物业公司多方共同努力

---

① 特别感谢北京市东城区龙潭街道左安浦园原社区书记郝宏婷提供案例信息。

② 特别感谢恩派非营利组织发展中心提供案例信息。

打造气氛和谐的熟人社区的目标（范杰臣，2017）。经过社区营造部门的培育，2017 年第一批入住的居民在经历了信任建立期、能人挖掘期、互帮互助期以及社区共识磨合期之后（李强 等，2017），共形成以社区居民为主体的十余个社区社会组织。

（3）学术研究团队作为主要培育方。

以北京市西城区大栅栏街道为例。自 2014 年开始清华大学社区营造团队（以下简称“清华社造团队”）在大栅栏街道开始了长达 8 年的社会学实验，以老旧街区社区建设为主旨，通过干预手段进行“社区活化”。实验路径包括培育社区社会组织、空间规划与院落调整、推进文化创意园区建设（沈原，2019）。清华社造团队作为主要培育方，对每个社区社会组织进行直接的培力和陪伴的培育工作，社区两委对于社区社会组织起到支持、监督、协调等作用。通过多年的社区社会组织培育，清华社造团队在大栅栏街道 9 个社区共培育了 50 个社区社会组织，包括兴趣类 31 个，志愿类 11 个，服务类 5 个，互助类 3 个，其中有 25 个兴趣类组织（81%）均具有独立策划和实施社区公益服务类项目的能力。不仅社区社会组织的增量有所提升，存量组织的质量也有所提升。按照组织程度化高低将社区社会组织分为种子、小苗、成树等阶段。培育前均为种子阶段，经过培育成树组织的数量增加至 3 个，小苗的数量增加至 20 个。同时培育后的社区社会组织均可以自主策划和实施公益项目，同时自主扩大组织规模，主动吸纳新的社区居民参与组织管理。

3. 街区内生枢纽型社会组织作为主要培育方，政府部门提供大力支持

随着社区社会组织联合会这类内生枢纽型组织的出现，逐渐在街区发挥着培育社区社会组织的作用。内生枢纽型组织作为主要培育方的同时，乡镇街道及社区两委对组织培育工作提供大力支持。

例如北京市东城区建国门街道社区社会组织联合会是 2015 年在东城区民政局登记注册的社会团体，在本街道进行孵化和培育社区社会组织等工

作。联合会的负责人是本街道的社工，专职从事联合会的管理和运营等工作。在联合会成立之前，居民的参与率有待提高，社区社会组织的数量一般，活跃度不高，志愿公益类、生活服务类和自治自管类组织数量都相对较少。通过联合会5年的培育，街道社区社会组织的数量已由原来的120个提高到200余个，居民参与的主动性提高，自发组织活动和参与活动的活跃度明显提升。其中文体类组织的组织化程度提高，参与公益活动的频次增加，在地服务数量也明显上升。自治自管类组织也从原来的2个提高到近20个，居民参与社区治理的意识显著提升①。

除了以上案例，各地也都有经典的培育案例，例如四川省成都市、山东省济南市历下区、广东省珠海市香洲区翠香街道等各级市、区、街（乡镇）都有培育社区社会组织的地方经验。

通过梳理社区社会组织的出现过程，可以发现社区社会组织经历了由政策引导的国家干预、项目制及培育资金引入的社会干预、提升自组织能力的学者干预等多个阶段。然而培育社区社会组织因其具有系统化特征，因此每一方干预力量都是社区社会组织不可或缺的，例如：社区社会组织的发展首先需要政策环境的支持，才会有发展和成长的空间；社区社会组织培育需要有激活或启动机制，才会有发展的动力来源；社区社会组织需要有专业力量的陪伴式培力，才能从“要我做”的“他组织”转变为“我要做”的“自组织”状态，通过提升主观能动性，更好地参与到社区治理中。

培育社区社会组织与服务社区社会组织不同，在多元力量的协同培育下，将会有效地从“输血式”转变为“造血式”的自组织过程，即“培育逻辑”相较于“服务逻辑”将更注重对社区社会组织的赋能和陪伴，并且以“授人以渔”的方式助力社区社会组织的成长和发展。随着社区社会组织培育力度的加大，会有更多元的力量助力社区社会组织的发展，形成整个地区社区社会组织培育发展的生态系统。

---

① 特别感谢北京市东城区建国门街道社区社会组织联合会杨倩秘书长提供案例信息。

四、本章小结与思维导图

本章分析了社区社会组织培育的政策环境。从分析社区社会组织的内涵和外延开始，逐步阐述了社区社会组织的特征、功能作用以及组织类型。同时分析了社区社会组织培育工作的政策方向，阐述了目前组织发展状况、培育的目标，并通过各地培育组织的经验案例梳理社区社会组织培育的多元模式。本章结构内容及思维导图见图 1–2。

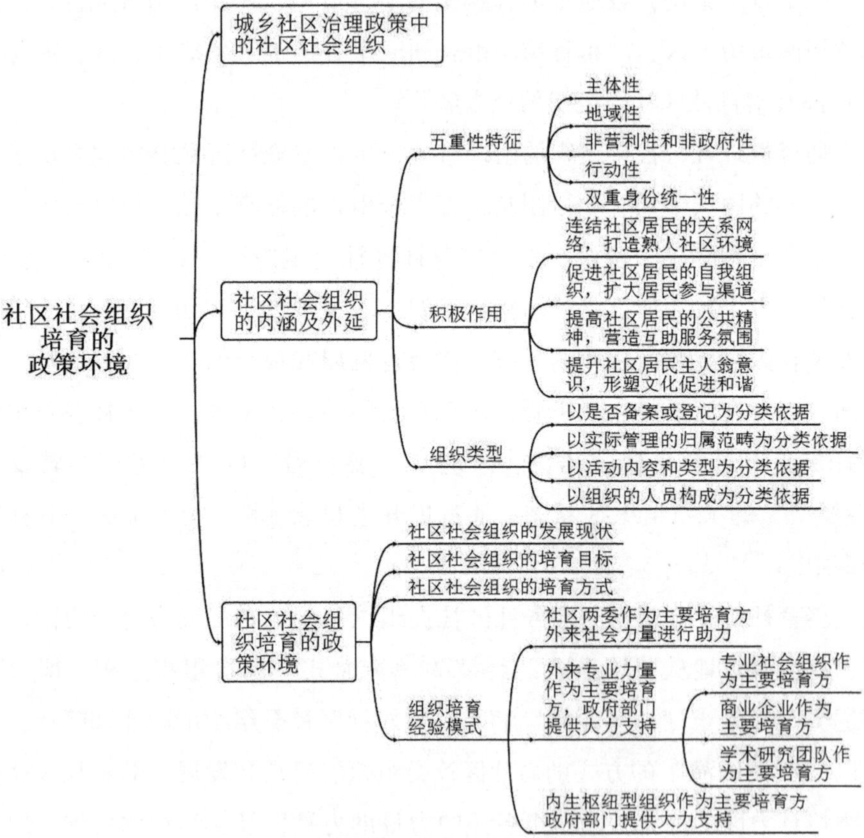

图 1–2　本章结构内容及思维导图

·第二章·

社区社会组织培育的理论视角

培育社区社会组织除了需要学习相关的政策文件、了解相应的政策环境，确保实务操作具有正确的政治方向；同时还需要研读经典的理论文献、借鉴各地的优秀案例，保障实务工作具有可行的操作方向。本章将重点梳理与“组织”相关的理论视角，分析社区社会组织从“自益”到“益他”的理论依据，最后说明从“我”到“我们”的社区营造实务理念。

一、从“组织”到“自组织过程”的理论分析

（一）组织的基本要素分析

如果将“社区社会组织”进行拆分，可以得到“社区”“社会组织”和“组织”三个关键词。其中“社区”和“社会组织”已在前一章进行过阐释。既然社区社会组织作为一种“组织”形态，究竟何为组织，则需要进一步深入探究组织的内涵。

不同学科对于“组织”有不同的阐释。例如斯蒂芬·罗宾斯和蒂莫西·贾奇认为组织是一种人们有目的地组合起来的社会单元，它是由两个或两个以上的个体组成，在一个相对连续的基础上运作，以实现一个或一系列共同的目标（斯蒂芬·罗宾斯 等，2016）。我们可以从中划出几个关键词，包括组织是有目的而组合起来的、组织是由两个或两个以上的个体组成的、组织的运作是相对连续的、组织是有共同目标的。

再如理查德·斯格特和杰拉尔德·戴维斯分别从理性系统视角、自然系统角度以及开放系统的视角出发，认为组织将具有不同的定义和特征。

理性系统视角认为组织是意在寻求特定目标且具有高度正式化社会结构的集体。自然系统视角认为组织是一种集体，参与者追求多重利益，既有共同的也有不同的，但组织成员共同认识到组织是一种重要的资源以及保持永续长存的价值。开放系统视角下的组织是相互依赖的活动与人员、资源和信息流的汇聚。这种汇聚将不断变迁的参与者同盟联系在一起，而这些同盟则根植于更广泛的物质资源与制度环境（W. 理查德·斯格特，2002）。三种不同的系统视角对于组织的认知既有不同又有重叠。关键词包括组织具有“目标”、具有“组织架构”、是一种“集合体”。组织作为一项重要的“资源”具有一定的“价值”，组织是一个活动体系，并且有其运行的“环境”，并不是孤立存在的。

组织虽然是多样且复杂的，然而根据利维特的钻石结构模型（Leavitt，1965），可以得到组织的 5 个基本要素，包括社会结构、参与者、目标、技术以及环境，帮助我们更好地理解组织。第一，社会结构主要是指组织参与者关系的模式化和规范化，包括“规范结构”和“行为结构”。“规范结构”包括了价值观、规章制度和角色期待。“行为结构”则主要是实际的行为而非行为的规范，例如权力结构和人际关系结构。第二，组织的参与者是指出于各种原因为该组织作出贡献的个体（Barnard，1938；Simon，1976）。第三，组织目标是要达到的目的，即参与者力图通过其行为活动而达成的目的。第四，组织的技术通常部分地根植于机器和机械设备，同时又包含了参与者的知识和技能。第五，组织均存在于一定的物质、科技、文化和社会环境中；组织不仅受环境的影响，也影响环境；组织和环境间的关系是重要、复杂且相互依赖的（斯格特，2002）。

根据社区社会组织的五重性，其基本要素包括组织的参与者、组织架构、制度规范、组织目标、行动技术和生态环境六个维度（见图 2-1）。

1. 组织的参与者

社区社会组织的参与者即组织成员，是那些对组织的成立和发展发挥作用的社区居民。社区社会组织的参与者根据其参与组织事务的责任程

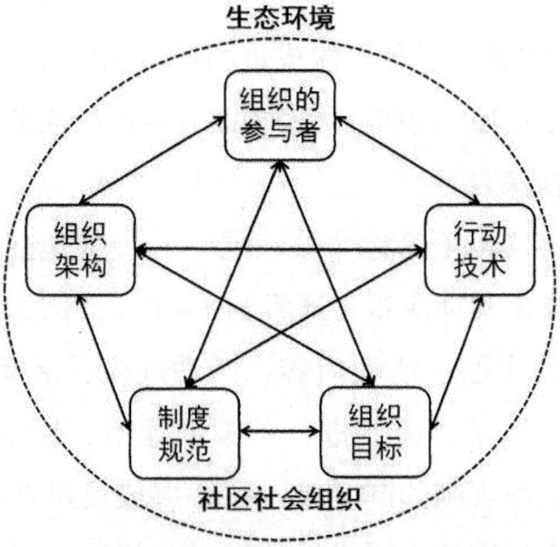

图 2-1　社区社会组织基本要素逻辑关系示意图

度、参与内容、参与频次以及参与时长的差异，形成了四个圈层，分别是管理层、核心层或决策层、一般层或实施层和边缘层（见表 2-1）。

表 2-1　社区社会组织参与者圈层分类表

圈层	责任程度	参与内容	参与频次	参与时长
管理层	非常强	组织的全部事务	非常多	非常长
核心层或决策层	很强	全部及某一具体事务	很多	很长
一般层或实施层	一般	常规或临时性事务	一般	一般
边缘层	很弱	常规事务	很少	很短

（1）管理层。

管理层一般为组织的主要负责人，通常为 1~2 人，主要是社区居民的身份。管理层通常需要对组织负担全部责任，且在社区社会组织登记注册或备案过程中会明确组织的主要负责人，也是明确负责人对组织管理和运营的责任。作为组织的负责人，管理层成员对于组织的各项事务均会参与其中，包括组织的成立、发展以及消亡等各阶段的组织事务。管理层成员对于组织事务参与的频次会更多、参与的时间会更长，对组织的付出自然也会更多。

管理层成员一般以自荐的方式出现，通常是对组织负责的意愿较高、对组织活动的兴趣较大且获得其他组织成员的认可和信赖的社区居民。也有一部分是通过推荐方式出现，例如社区两委或其他组织成员的推荐。

（2）核心层或决策层。

核心层或决策层（以下简称“核心层”）一般包括管理层，对社区社会组织的重要决定作出集体决策，通常为3~5人，例如小到组织的每一次活动策划，包括活动主题、活动内容、活动规模、活动流程、资源来源、成员分工等；大到组织是否需要进行备案或注册、组织未来的发展方向、组织目标的调整、组织规则的制定等。核心层成员虽然不用对组织的全部事务进行负责，但会根据核心层成员的特长和优势，对组织的某一项事务担负责任，例如组织财务管理、组织物资管理、组织活动宣传、行政事务管理等。

组织的核心层与管理层最大的区别在于核心层主要是为组织的重大事务作集体决策，其次是发挥优势对组织的某一项事务负责。而组织的管理层则首先是对组织的各项事务担负责任，其次是与核心层一起对组织事务进行决策。组织的核心层是以组织的管理层为基础，发挥更多组织成员的作用，联结更多有想法、善于发现问题、愿意参与组织各项事务且对组织某一项事务进行负责的组织成员。组织的核心层和管理层相同，参与组织活动的次数很多，参与组织活动的时间较长，对于组织所付出的精力和情感也会更多。

（3）一般层或实施层。

一般层或实施层（以下简称“一般层”）通常会包括核心层和管理层，主要是保障组织活动的顺利开展，通常为6~20人。一般层成员会参与到活动的具体实施当中，也会全程参与活动的实施，包括每次活动的签到、拍照、收尾等具体事务。一般层成员往往会根据个人兴趣对某一次活动的某一具体环节担负责任，例如负责活动签到、负责活动物资、负责会场布置和清理等具体事务。

一般层与核心层和管理层的区别在于，一般层主要是参与社区社会组织的某一次活动的实施过程，不需要参与组织全部的事务，且只需要对某一次活动中的某一项具体事务负责，不需要对组织其他事务负责，从而对组织的责任程度而言相对较轻。组织的核心层成员基本会参加社区社会组织的每次活动，包括常规活动以及临时性活动。一般层成员虽然没有核心层和管理层成员参与组织活动次数多，但基本也会参与组织的大部分活动，而且每次活动基本都是全程参与的状态。

（4）边缘层。

边缘层类似社区社会组织的志愿者，时而参加组织的活动，也会经常因为其他事情而请假。参与组织活动的程度不会很深，全程参与活动的可能性比较小，也不会在组织活动中对某一项具体事务承担责任。通常边缘层会参与组织常规性的活动，临时性的活动很少或很难参与进来。社区社会组织边缘层的规模根据组织对于成员准入门槛的差异而不同，有些组织存在一定数量的边缘层成员，但有些组织的边缘层成员数量很少。

社区社会组织的规模从几人到几十人，甚至有上百人的情况，通过以上参与者的四个圈层（见图 2-2），可以清晰看出社区社会组织的边界范围。通常情况下，社区社会组织包括管理层、核心层、一般层和边缘层，但也有的组织会缺少某一圈层或某些圈层，圈层的完整与缺失对于组织的发展具有一定的影响。例如社区社会组织的管理层缺失，容易导致组织的自发性下降或是活动的持续性降低；核心层缺失容易出现管理层压力和工作量增加的现象，也会出现组织稳定性降低的问题；一般层缺失会影响组织的活动规模，也会影响组织参与公共服务的意愿。如果每个圈层都相对完整，还可以通过各圈层成员的数量来看组织发展的稳定性。

在区分两个同类型的社区社会组织时，也可以通过圈层进行区别。例如社区社会组织成员往往会有一人兼多职的现象，即一位成员会在多个社区社会组织担任不同的角色，有时会出现两个社区社会组织的成员重复率较高的现象。如何辨别这两个社区社会组织的关系？是同一个组织还是一个组织的不同分支还是两个组织？一般可以通过圈层进行区分，如果两个社区社会组织的管理层和核心层成员均不相同，则属于两个独立组织的可

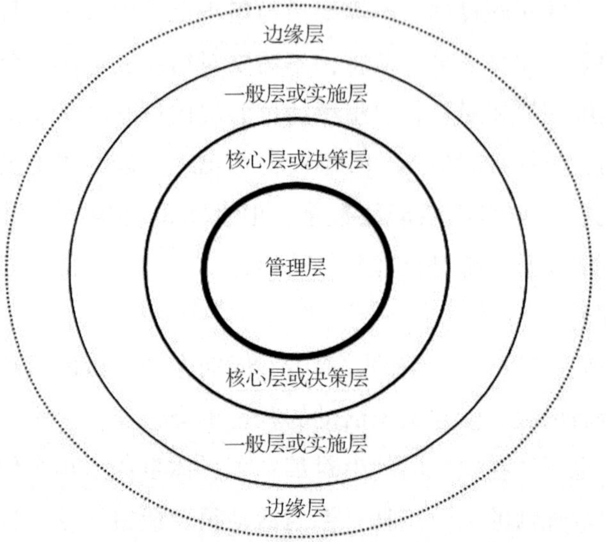

图 2–2　社区社会组织参与者圈层示意图

能性比较大。如果管理层和核心层成员完全一样，再比较两个组织的目标和技术，如果出现差异，则属于一个组织的两个分支的可能性较大。如果这两个组织从参与者圈层到目标再到技术均相同，则属于一个组织的可能性较大。在实际场景中，也需要根据实际的情况进行具体的区分。

为何要对社区社会组织的参与者进行圈层的分析，主要目的有三个。第一是为了对组织有个清晰的认识和了解，了解了参与者的圈层情况后，对于组织的架构以及组织运作的过程将会更为清晰。第二是为了判断组织目前发展的阶段以及其组织化程度，圈层的完整与缺失对于组织运行具有一定的影响。第三是为了后期对于社区社会组织进行精准培育，在组织自愿的前提下，帮助组织认识自己的圈层，从而对组织出现的问题进行自我反思，进而提供组织自身优化的方向，即组织对内部圈层成员的优化和调整。

2. 组织架构

组织架构即组织运行过程中参与者之间的关系网络和行为结构。通常组织成员会根据自身的特长，对组织的某项事务承担责任，清楚区分成员之间的分工和职责。组织架构是以组织参与者的圈层划分为基础，在管理层、核心层、一般层和边缘层的基础上，每一位组织成员的具体分工。例如：社区社会组织通常会有组织负责人，有的组织会有正队长和副队长之分，还会有组织活动资金管理专员、组织物资采购和保管专员、组织活动宣传专员以及组织行政事务专员等。每一个组织成员具有相对明确的三定原则，即定时、定岗、定责，规范每位组织成员的行为。

3. 制度规范

组织的制度规范是社区社会组织运行的内部规则，由组织的参与者制定并通过集体认可，包括组织成立之初既定的价值观、组织的使命、组织的历史发展沿革情况、组织的章程以及组织规章制度。其中组织的章程在备案或登记过程中作为重要的申请材料，主要包括组织基本情况介绍、组织活动内容、组织活动场地范围等。组织的规章制度在组织发展过程中会不断出现，随着组织成员间的磨合还会不断进行优化和调整，主要包括准入准出制度、奖惩制度、会议制度、会员管理制度、对服务对象的规范服务制度、财务管理制度、物资申请和使用制度、组织内外部资源管理制度、微信群等线上工具的管理制度等。

4. 组织目标

组织目标是组织参与者共同行动后所希望达到的成效。组织的目标可分为具体目标、共同目标、短期目标、长期目标等。组织的目标也会随着组织的发展而不断调整或不断扩展，成为组织发展的动力之源。

5. 行动技术

组织的行动技术是组织发展过程中区别于其他组织的优势或特殊性，包括与组织行动过程相关的各个方面，例如组织活动内容、组织活动的服务对象、组织的场地资源等。其中组织活动可分为常规性活动、支持性活动和服务性活动。常规性活动是组织的常态化活动，根据组织的活动内容、活动范围以及形式不同，每个社区社会组织均有至少一项常规性活动，例如兴趣活动、文化活动、环保活动等。支持性活动是支持其他组织的活动，例如社区两委所举办社区级活动或社区工作，以及共建单位组织的活动等。服务性活动是常规性活动以外的具有服务性质的活动，例如看望特殊群体、开展服务活动等。大部分组织都会有自己的常规性活动；通过组织与其他组织建立联系后，会出现越来越多的支持性活动；兴趣类组织多会在常规性活动之外开展具有服务性质的活动。

6. 生态环境

组织的生态环境是社区社会组织在发展和运行中不可或缺的因素，社区社会组织并不是孤立存在的，而是会受到组织外部环境的影响。生态环境包括政策制度环境、关系网络环境以及组织外部资源环境。政策制度环境在上一章已进行过分析，不再赘述。关系网络环境是社区社会组织与外部其他组织产生的关系联结，主要包括政府部门、商业企业以及社会力量。政府部门包括社区两委、街道（乡镇）和市区级相关部门等；商业企业包括物业公司、驻区单位、以及社区内外部的合作企业等；社会力量包括社区内外的其他社区社会组织以及专业社会组织等。组织外部资源环境是社区内外的非组织内部的资源，包括资金、专家资源、志愿者资源、物资、场地资源、媒体宣传资源等。

社区社会组织的六大基本要素——组织的参与者、组织架构、制度规范、组织目标、行动技术和生态环境，都是组织的重要组成部分，没有哪一个要素占绝对优势或具有突出的作用。组织是要素的整体系统，要素之间是相互影响且双向关联的。每一个要素的出现都是在其他要素的基础上发挥作用，也是影响每一个其他要素的关键因素。

（二）“自组织”与“他组织”

在了解了组织的基本要素之后，还需要分析社区社会组织所在的场域和所发挥的作用。

1. 三种不同的治理机制

在社区场域中存在三种不同的治理机制，分别是政府、市场以及自组织的治理机制（罗家德 等，2014）。以集体主义为思想基础的政府制又称

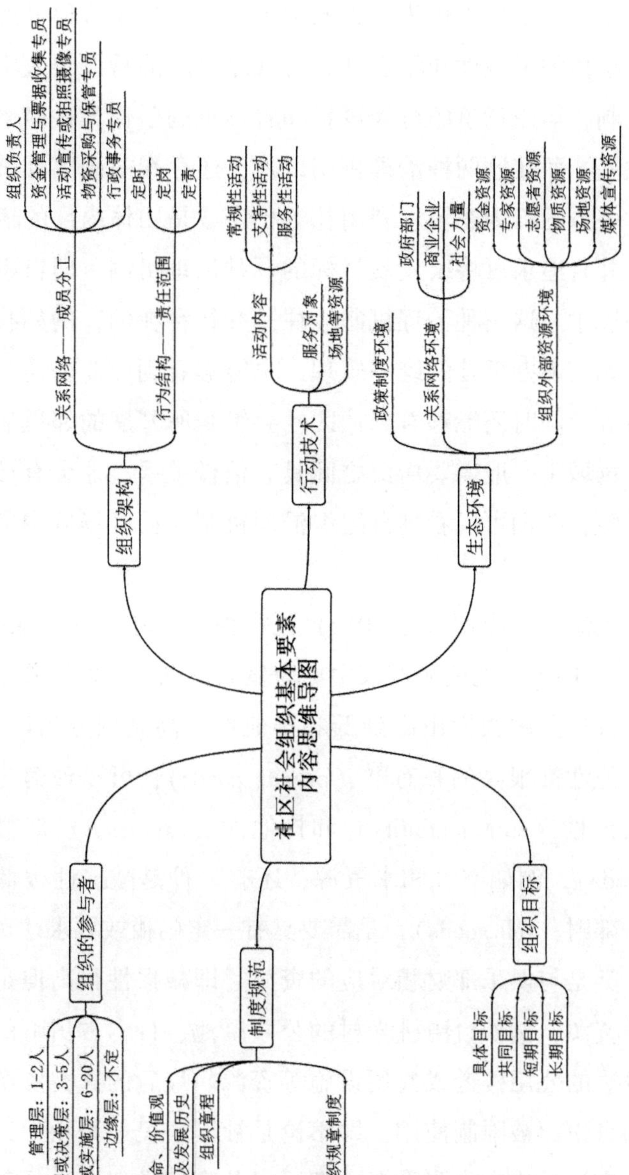

图2-3　社区社会组织基本要素内容思维导图

为层级制或科层制，是以权力作为行为的逻辑，一般是用看得见的手作为秩序来源，追求集体的一致性和稳定性。与其相对应的是以个人主义为基础的市场治理机制，运用竞争的行为逻辑和看不见的手作为秩序来源，追求高效率或高效能。而在这两种治理机制以外，还存在一种以社群主义为思想基础、通过关系的行为逻辑、利用礼治秩序或是团体内部的道德监督作为秩序来源，并且追求可持续发展目标的一种治理机制，即自组织治理机制。在社区环境中，这三种治理机制往往是并行存在的，例如我们可以看到政府部门比如街道办事处的统一管理，也能够看到商业公司为我们提供的各种社区服务，同时还能够看到社区社会组织所开展的邻里活动或互助服务。在社区场域中一般需要居民之间具有信任关系，才会有社区内生力量合作的可能性，我们可以看到自组织治理机制在社区场域中发挥了重要的作用。

自组织治理机制（罗家德 等，2012）往往在共有财（common-pool resources）（Ostrom，1990）的资源产权中更为显而易见，并发挥着不可替代的作用。资源产权按照减损性由高到低和排他性由高到低分为四类资源，包括减损性和排他性都很高的私有财（private goods），可以理解为个人产权资源；以及减损性（subtractability）和排他性（exclusion）都很低的公共财（public goods），例如空气和水资源；还有一种是减损性很低但是排他性很高的俱乐部财（toll goods），是需要具有一定门槛或要求才可以使用的资源；最后一类是与俱乐部财相对应的资源，即减损性很高但是排他性却很低的共有财资源，例如台湾桃米村的公共溪池、日本古川町的濑户川河道以及我们身边的公用楼道或共用设施等资源。最后的这类资源往往不会因为使用人的身份而被限制使用，即不论是社区居民还是租户，也不论是探亲访友的宾客还是小广告张贴者，都可以共享这类资源，属于排他性很低的资源。但是这类资源却会因为大家的共同使用而有所消耗或损耗。如果只顾使用而不维护，严重时将会发生“公地悲剧”（Hardin，1968），而这类资源往往在政府和市场治理机制之外，还可以使用自组织的治理机制来进行保护，以便资源可以更可持续地发挥效用。

2. 治理机制中的自组织

自组织治理机制中的“自组织”(self-organization)，既可以作为动词，即一种治理机制；也可以作为名词，即一种组织形态。社区社会组织具备自组织的特征，既具有自组织治理机制的特征，又具有自组织形态的特征，往往也会使用社区自组织来代表社区社会组织，突出其主体性、自发性等属性特征。自组织作为组织形态，其实并非来源于社会科学领域，而是来自自然科学领域，最初是来源于热力学，例如普利高津研究系统的耗散结构理论，德国人哈肯研究的激光理论，华兹与楚盖兹研究青蛙叫声为何可以变为和声、萤火虫为何可以一起发光，以及米尔格兰提出的“六度联结的小世界”理论。将自组织应用于社会科学领域之后，自组织也有了新的含义。自组织是相对于他组织而言的，他组织一般来讲是由一个权利主体指定一群人组织起来，完成某种被赋予的任务。而自组织则是一群人基于自愿的原则主动结合在一起的，具有自愿性、集体行动以及自我管理等特点（罗家德 等，2012）。例如社区里面的合唱队、舞蹈队等兴趣类组织，往往基于大家共同的兴趣爱好而凝聚在一起，并且一起努力练习直至登上舞台表演的过程。自组织的特点包括一群人基于关系和信任而自愿地结合，结合的群体产生集体行动的需要，为了管理集体行动而自定规则、自我管理。例如社区里的舞蹈队，往往是大家自愿参加进来，而且有共同的目标，靠每个人的努力，才能够表演出一个精彩的节目。而最终能够参加比赛甚至可以获奖是每个参与者共同追求的目标，但这个目标的达成需要每个队员的共同努力。

3. 社区社会组织的“自组织”与“他组织”形态

社区社会组织除了以上提及的自组织形态，其实也有“他组织”的形态。引入“自组织”与“他组织”的概念，目的是客观分析两种形态下社区社会组织的发展趋势。在上一章曾经进行过说明，社区社会组织的形成方式除了社区居民出于兴趣爱好自发形成外，还有因为需要完成社区工作的要求而被动成立的组织，往往这些组织带有很强的被动性，组织的成立是为了完成某项社区任务。

比较社区社会组织在“自组织”和“他组织”的形态，能够发现“他组织”这类组织的特点是从发起到组织形成经历的时间周期较短，且组织规模一般也会比较大。但这类组织的自主性较弱，队员难以对组织产生身份认同，组织的发展完全依赖于组织的外部力量。例如社区工作者的任务发布。相比较而言，“自组织”的自发性较强，队员之间会在组织活动过程中逐步形成认同和共识，对组织的归属感较强。但这类组织形成的难度较大，需要先找到愿意为组织付出或负责的社区能人，且在组织的发展过程中，会具有明显的脆弱性，组织很容易夭折。

除此以外，还可以发现社区社会组织的“他组织”形态会慢慢转变为“自组织”的形态。例如最初由社区招募而出现的兴趣班，随着兴趣班的发展，成员之间会慢慢形成对组织的共识，逐步发展为组织化程度较高的兴趣类组织，进而可以独立自主地运行。再如社区服务类的组织，初期由社区两委召集成立，但随着长时间与服务对象的互动，服务队员和服务对象之间出现了信任关系，在双向互动的过程中，服务类的组织基于对服务对象的价值理性，自主设计并实施适宜于服务对象的活动，并且实现组织的独立自主运行。随着支持社区社会组织发展的政策环境力度增加，已经能够明显看到有更多的“自组织”出现，社区社会组织的“自组织”形态将会慢慢成为未来组织的发展趋势。

当社区社会组织无法自我转变的时候，可以通过干预的方式培育社区社会组织，引导社区社会组织由“他组织”转变为“自组织”。而干预的主体则包括政府部门（如乡镇街道、社区两委等）、社会力量（如枢纽型社会组织、专业社会组织等）以及商业企业（如驻区商业企业组织等）。当多方力量形成合力共同培育社区社会组织时，将会形塑和构建一个有助于社区社会组织发展的健康良性的生态系统环境。

（三）自组织过程理论

自组织的成长、发展、成熟是有一定的规律和生发过程的，往往自组织的动态发展会经历五个过程（罗家德 等，2012）：第一，一群人聚拢，彼此之间社会网联结增多，关系越来越密。其中能人扮演了关键的角色，能人会首先投入行动，动员自己的社会关系，并逐渐聚拢了一群人。例如舞蹈队开始可能只有四五个人，慢慢随着排练，逐渐通过口口宣传或熟人关系，会有更多的人加入。第二，随着内部联结增多，小团体产生，这群人与其他人的关系相对疏远，一群人“抱团”产生了内部关系网相对密集的朋友圈。例如随着排练次数的增多，舞蹈队成员之间的联系会越来越频繁，关系也会越来越紧密。第三，小团体内部认同产生，内部的人开始清楚地认识到自己与团体外成员的差别，意识到自己的成员身份。例如组织需要有一个自己的名称，通过队员共同商议确定组织名称后，不论是表演还是排练，队员们将会有一个共同的组织身份，经历一段时间的磨合期，自然会对自己的组织身份有一种归属感。第四，小团体形成一个共同的团队目标，并开始着手为实现这个目标而采取集体行动。例如舞蹈队共同外出参加比赛，虽然友谊第一、比赛第二，但如果能够获奖，队员们会充满荣誉感和自豪感。无形当中会共同渴望取得一个比较好的成绩，以此作为队员排练的共同目标。第五，团体会逐步演化出团体规则和集体监督的机制，以确保共同目标的顺利达成。例如舞蹈队如果持续发展下去的时候，需要在团队内部有约束彼此的组织规范，比如只有在完整参与排练的情况下，才会拥有代表舞蹈队比赛的资格。

将自组织过程应用于社区社会组织的培育中，可以发现社区社会组织的发展会出现不同的阶段，包括育种阶段、种子萌芽阶段、小苗阶段、小树阶段以及大树阶段。从育种阶段到大树阶段，社区社会组织也会经历从公共行动到可持续的公共行动的发展过程。

社区社会组织的发展过程与自组织过程相似，一般有其生长发育的规律及过程，一般会从社区能人的出现开始，通过能人的动员，一个能人周围有可能出现若干个新能人，逐步形成小团体，当组织内部建立了认同和规则后，慢慢成长为较为规范化的组织形态，最终形成组织内部的自治理机制，随着功能不断扩充、地域不断扩张，最终形成组织内部监督和执行机制，具有自我造血的能力。

表 2-2　社区社会组织发展过程一览表

所处阶段	发展过程	解释说明	组织所需能力
育种阶段	寻找能人	根据已有的关系结构进行动员，动员动力来源于共同的兴趣爱好及目标	动员能力
	动员关系		
种子萌芽阶段	形成小团体	依靠志愿精神来维系，组织内部产生认同感	团队分工协作能力，例如项目管理能力、资金管理能力等
	建立认同		
小苗阶段	团体结构	关注社区公共事务，开展可持续的行动过程	组织管理能力，例如形成组织内部制度化
	转“约定俗成”为团体规范		
小树阶段	建立正式社会组织	具有独立法人资格及独立资金账户的实体单位，组织间进行分工协作，形成社区认同	组织自治理能力及外部筹资能力
	社会服务功能专业化		
	建立自治理机制		
大树阶段	功能分化	成为当地协会，从一个社区扩展为多个社区，从一种功能扩大到多种功能，建立完善的治理机制，形成地区文化	自我造血的能力，例如盘活地区资源及吸引外部资源的能力
	地域分化		
	扩大监督机制与执行		

根据上表可以发现社区社会组织在每一阶段都会发生一定变化，同时也会具备一些能力，而培育方在此过程中，需要引导和助力组织的发展，在组织自愿的前提下，提高社区社会组织的能力。例如在育种阶段，社区能人需要动员更多能人一起行动起来，因此动员能力是组织在种子萌芽阶段所需要具备的。在具有了初级的组织形态之后，在种子萌芽阶段需要组织成员具有团队分工和协作的能力，具有可以自主设计和实施组织活动的能力，以及可以独立运营组织活动资金的能力。在组织已经相对稳定时的小苗阶段，组织内部需要具有更强的管理能力，逐步形成组织内部制度化机制。在组织具有了独立的法人资格之后，即在成树阶段时，更加需要具备自治理的能力以及自我造血的能力，最终成为这个地区的一棵大树。

二、从“自益”到“益他”的社区公共事务参与过程

通过对近年来研究文献的梳理，发现学者们普遍认为社区社会组织参与社区公共事务的程度不足，认为其参与社会治理与公共服务的意识有限、参与的程度较低、自发能力较弱、呈现较为被动的参与模式等（杨敏，2005；李友梅 等，2012；耿云，2013）。社区社会组织这一以社区居民为主体进行与社区生活相关活动的组织形态，是否可以自主参与到社区公共事务中？通过多年实务研究，笔者发现越来越多的社区社会组织能够主动参与到社区的公共事务当中，然而从“自益”到“益他”需要一个转化的过程，我们暂时将社区社会组织参与社区公共事务的特征称为社区社会组织的“公共性”。我们从“公共性”的文献分析入手，再聚焦社区社会组织参与社区公共事务的过程。

（一）学者们对于“公共性”的探讨

分析社区社会组织公共性的传统视角以托克维尔的强调公民参与意识（托克维尔，1988）、哈贝马斯的公共领域视角（哈贝马斯，2004）以及帕特南的社会资本理论视角为代表，且国内外研究者也从本质上探讨公共性的内涵。有学者认为“公共性”（publicity）实则为“公共”（the public）的形式性含义（任剑涛，2011）。金泰昌把公共解释为三大要义，即“共媒”“共働（动）”“共福”，认为公共是一种行动，需要相互沟通、相互作用以及共享幸福（张法，2010）。还有其他学者也对公共性理论进行过研究（李明伍，1997；谭清华，2014；李世敏，2015）。

古典共和主义尤其强调在家庭亲密关系与家政私人世界以外构成的大众生活的公共世界。而阿伦特继续充实公共内涵，认为只有在公共领域的生活之中，才会显现人的自由（汉娜·阿伦特，1999）。哈贝马斯则将公共领域发展为既具有批判性又具有合法性的公共舆论领域（哈贝马斯，1999），认为作为公众的私人聚集在一起，就公共事务进行讨论，最后达

成共识。哈贝马斯更强调主体应是具有交往的特质者（Habermas，1981）。而阿伦特则认为人的行为具有不确定性。宽容是阿伦特公共性理论中行动主体所应具有的内在属性（Hannah Arendt，2005）。近年来，有的学者认为“公共性”是以个人为基础，并以超越极端个人主义即利己主义（selfishness）为旨趣（李友梅 等，2012），而极端个人主义者往往个人事业较为成功，但很难有幸福的家庭和良好的邻里关系（Robert et al，1985）；也有学者认为“公共性”是规避极端个人主义的基本路径，个人价值只有在群体互动中才能得到彰显（张法，2010）。

而对于“公共性”的特征，有学者认为从参与者的角度看，“公共性”指涉的是人们从私人领域中走出来，就共同关注的问题开展讨论和行动，在公开讨论和行动中实现自己从私人向公众的转化。从更宽泛的角度看，“公共性”可以被理解为“参与”，即民众自愿“参与塑造公共空间”，而其中又包括了“社会参与”，大多与地方社会的生活需求相关（李友梅 等，2012）。有学者进一步将参与分为依附性参与、志愿性参与、身体参与以及权益性参与，并且提出依附性参与、志愿性参与、身体参与中的表演性参与都属于仪式性参与，而权益性参与和身体参与中的自娱性参与则属于实质性参与，认为实质性参与才更接近参与的本意（杨敏，2005）。学者们进一步分析公共性不足的成因，从传统理论到现有制度，均是影响公共性产生的原因。在提出公共性不足的现状时，同时也在呼吁希望出现更多实质性的参与，从而促进社区公共福利的提升。对于如何走出公共性的困境，有的学者提出不同的实现路径，包括公共性培育、公共性转型和公共性生产等（李友梅 等，2012）。从现有研究成果来看，对于维权类或是自治类组织的公共性研究相对偏多（杨敏，2005；杨敏，2007；何艳玲，2007；陈鹏，2009；陈家喜，2015），但对于其他类型的公共性研究相对较少。

（二）社区社会组织参与社区公共事务的过程

笔者通过观察发现不论何种类型的社区社会组织，由于其具有来自于民并服务于民的双重身份统一性，即从服务对象和被服务对象来说，主体是一致的，因此社区社会组织具有提供社区公共性服务的基础。同时社区居民的需求不只局限于文体娱乐，还包括家庭、健康、居住环境的需求。正如帕特南在《独自打保龄》开篇谈及了兴趣类组织状况的变化对于美国公共生活的影响（Robert D. Putnam，2000），即使是兴趣类组织，也会具有主动参与社区公共事务的意愿和能力。

不论是在城市社区还是农村社区，由于兴趣类社区社会组织都具有居民自发性比较强、活跃度比较高、组织数量较多的特征，可谓是占领了社区大半壁江山的状态。然而在现有的刻板印象中，将兴趣类组织的活动等同于自娱自乐，即只关注组织内部成员的需求，表现为自娱自乐的状态，很少跟社区工作产生交集，也很少进行互动，仅仅在社区需要大型文娱表演活动时，这些组织才会参加，但无意愿承担更多服务类工作。因此，目前大部分兴趣类社区社会组织被视为非培育对象或是被边缘化。

然而通过观察发现，兴趣类社区社会组织在社区里利用组织自身的优势，开展社区教育、社区宣传或社区环保等不同形式的活动进而参与到社区公共事务当中，是较为普遍的现象。其实兴趣类组织参与社区公共事务是有两条路径的，分别是“溢出”和“迁移”过程[①]。

“溢出”过程是兴趣类组织在无意识或非目的性的情况下出现的，且通过兴趣类组织所建立的关系网络而实现参与社区事务的过程。这表现为两个方面：第一是兴趣类组织成员通过参与活动了解社区环境之后，对于社区公共事务产生参与的意愿，在组织成员的动员或是社区两委的动员下，参与到社区公共事务当中，例如参与社区老龄群体的帮扶事务、社区环境保护事务或是社区防疫相关的事务等。第二是兴趣类组织成员由于组织活动与更多社区居民产生互动和信任关系，在熟悉的社区居民遇到困难需要帮助的时候，兴趣类组织成员会成为其首要寻求帮助的人选，兴趣类

① 兴趣类社区社会组织公共性“溢出”与“迁移”效应的概念为清华大学公共管理学院蓝煜昕副教授首次提出，此部分内容特别感谢蓝老师给予指导。

组织的成员通过类似邻里互助事务实现“溢出”的效应。

“迁移”过程是兴趣类组织有意识、有目的地以组织为主体发展出社区服务功能的过程，主要表现在三个方面：第一是受到街道或社区等部门的委托或形成互惠关系后，兴趣类组织参与社区级的演出或培训活动，在此过程中发挥出兴趣类组织的优势和特长，并且将此优势延伸至兴趣类组织以外的更广范围。第二是兴趣类组织自主设计并实施社区公益活动，践行社区公共责任，例如兴趣类组织设计与垃圾分类或环境保护相关的主题活动，或是设计与社区文化相关的主题活动等。第三是多个兴趣类组织出现联合策划并实施社区级或跨社区的公益活动，通过同理心的作用关注社区多元群体，例如关注复转军人、退休教师或高龄志愿者等群体，通过组织联合行动充分回应不同群体的利益诉求。

除了兴趣类组织以外，其他类型的社区社会组织也在其各自的领域发挥组织自身优势，提供社区公共服务或参与社区公共事务，例如参与社区邻里节的设计和实施、参与社区常态化防疫、参与社区环境维护等活动。

然而社区社会组织参与社区公共事务需要一个过程，在具备一定的意愿和能力的基础之上，才会真正实现“社会参与”。根据自组织过程理论，社区社会组织经过组织成立和具有初级组织形态之后，能够独立策划和实施组织活动，并且有意愿关注社区的特殊人群和公共议题之后，会更有效地参与社区公共事务或公益服务。

同时，社区社会组织也会经历一个从“自益”“互益”“共益”到“公益”的转变过程，即社区社会组织往往会从满足组织成员的需求（“自益”）开始；在一系列组织集体行动之后会逐渐产生组织成员间的“互益”；当组织能力提升之后，开始为组织外的群体设计和实施服务活动时出现“共益”；最终当社区社会组织成树之后，具有对整个社区提供服务的能力之后，实现社区“公益”的效果，完成社区社会组织从“自益”到“益他”的过程转变。

三、从“我”到“我们”的社区营造视角

培育社区社会组织具有不同的理念支持视角，其作用在于培育者站在何种角度来看待组织培育这件事。究竟是使用行政干预的方式——为社区社会组织派发任务，还是使用项目干预的方式——完成项目周期内为社区社会组织所设计的各种活动，或是使用社区营造的方式——运用陪伴式培力的方式发现和回应社区社会组织的需求进而助力组织发展？每一种视角尚无正确与否之分，仅仅在于培育方进行组织培育的目标和方向；但每一种理念视角下对于组织培育的方法将会有所差异。对于行政干预和项目干预已有大量文献和书籍进行过阐释，此处不再赘述。以下重点分析社区营造理念视角为培育社区社会组织带来的新思路。

（一）社区营造的三大理念

首先推荐一部微电影，名字叫《花园》，是2010年中国世博会美国世博馆的宣传影片，介绍了在社区营造理念下如何通过社区居民的努力实现大家共同的梦想。故事发生在我们所熟悉的社区里，主人公是个小女孩，从她的一个梦想开始，面对社区不太美观的一个角落，她手绘了一幅自己心目中的花园。从小女孩种下的花接二连三被破坏，到小女孩的坚持不放弃，再到逐渐感染了社区里的热心人，大家一起动员更多的人，并且筹集工具跟小女孩一起努力，把社区里的卫生死角变成了属于大家的花园。然而当暴风雨突然来临的时候人们四散离去，小女孩不断用行动和手绘的愿景图召唤着大家，但都无济于事，最终小女孩无奈地选择了放弃梦想。然而她却不知道，由于她的带动和影响，早已将建造社区花园的梦想深深地嵌入每个参与者的内心。等到雨过天晴，在没有小女孩的带动下，社区居民自发走出家门，继续建造这个大家心目中的花园。最后所有曾经为这个花园努力过的社区居民共享属于大家的花园。

通过这个视频可以梳理出社区营造的三大理念，即三个变化，包括从

“我”到“我们”的主体变化，从“要我做”到“我要做”的行动变化，从“‘我’主张、‘你’负责、‘他’受益”到“谁主张、谁负责、谁受益”的权责关系变化。

1. 从“我”到“我们”的主体变化

微电影中从小女孩一个人的梦想开始，到最后社区居民共同享受着社区花园的成果，这个过程单靠小女孩一人是很难实现的，凝结着社区居民共同的心血，也是“共建”后“共享”成果的过程。从“我”到“我们”虽然只有一字之差，却能够使整个社区产生巨大的变化，包括社区的环境、社区的文化以及社区的关系。社区营造正是这样一个变化的过程，改变着社区里的每一个人。

2. 从“要我做”到“我要做”的行动变化

除了主体发生了从“我”到“我们”的变化以外，还有一个过程的变化，即集体行动过程的出现，将“主张”变成“动议”的过程。而在行动的过程中，很难从一开始就出现自主行动，往往更多的人是从被行动开始的，但当行动开始之后，当大家感受到行动带来的变化时，会不自觉地开始向主动行动转变，从“要我做”变成“我想做”，最后变成“我要做”的过程。正如微电影中最开始是由主人公小女孩动员大家，到雨过天晴后看到的是即使没有小女孩的动员，社区居民也能够自主行动起来。社区营造正是这样一个通过在社区中人们之间的行动，带动被动行动者转变为主动行动者的过程，即从“要我做”到“我要做”的行动过程，同时也呼应着从“我”到“我们”的主体变化的过程。

3. “谁主张、谁负责、谁受益”的权责关系变化

从微电影中可以看出主张、负责和受益的均为影片的主人公小女孩，但在过程中不断增加了负责和受益的群体，最后实现了共益的效果。对于主人公小女孩来说，并非一直坚持负责到底，如暴风雨来临之后，小女孩几乎放弃了花园的梦想。但由于此时社区花园已经变成是大家共同的主张，并且共同对此事负责，才会有最后大家共享的画面。社区营造正是鼓

励主张者、负责者、受益者三者合一，但主张者、负责者和受益者并不是一个人，而是社区里的每一个人，最后才会实现共同受益的结果。“谁主张、谁负责、谁受益”的权责关系变化过程也回应了从“我”到“我们”的主体变化和从“要我做”到“我要做”的行动变化过程。

通过社区营造传达的三个理念和变化过程，可以发现社区营造所倡导的是社区居民共同行动的过程，也是共同主张、共同负责最后实现共同受益的过程，通过共同营造最终实现美好家园的愿景。

（二）社区营造的内涵及外延

社区营造在经济发展、社会力量弱化、政府的行政负担越来越重的背景下，是一件在全世界各个国家都在经历的事情，例如在英国称为“第二故乡”，美国称为“community revitalization”，日本称为“MACHIZUKURI”（音为“马奇斯库里”）。在我国香港特区称为“社区活化”，我国台湾省称为“社区营造”，在厦门称为“美丽厦门、共同缔造”，成都市称为“社区总体营造”；也有的地方称为“社区规划”，例如北京市每个街区都出现了社区责任规划师；除此以外，还有“社区治理”“社区发展”“社区建设”等名词。虽然名称不同，但实质意涵基本相同。

在城市化出现之后，为了调和政府、社会和商业各方力量协同发展，将人、文、地、产、景作为社区营造的五大构面，具体延伸到邻里关系、地区文化、地区资源、在地产业、空间调整等方面。我国学者清华大学社会学系罗家德教授认为社区营造是政府引导、民间自发、社会组织帮扶，使社区居民自组织（self-organization）、自治理（self-governance）、自发展，共同解决社区所面对的公共议题（罗家德 等，2013）。实务工作者也对社区营造有自己的理解，即社区营造是基于对这个地方的爱而不断地行动。“因为爱这个地方，而且以后也想继续在这里生活，为了社区明天比今天更美好，每个人都积极参与思考和行动，解决社区问题，实现理想家园的梦想[①]”。

笔者结合实务与研究的经验总结，认为社区营造是社区内不同主体力量间的共同协商合作，形成社区自治理机制的过程，即实现“人人可社造、快乐享社造、永续做社造”的共治共建共享的过程。

而社区营造理念并非只局限于社会领域，也适用于商业领域和行政领域，希望达到社区善治的目标。在此过程中需要各利益相关方的合作，例如在社区场域中，政府相关部门如街道办事处及社区两委、商业公司如物业或地产开发商、外来的社会组织如社会服务机构、内生的社区社会组织如社区服务队或文体娱乐类型的社区社会组织，以及枢纽型社会组织如社会组织联合会等，多方力量共同合作、彼此协商，才会发挥社区营造的理念作用，为社区带来变化。

社区社会组织的培育方式，通过社区营造视角，也将一改“输血式”的服务方式为“造血式”的培育方式。并且在此过程中，培育方不断为社区社会组织进行陪伴和培力，提升社区社会组织内部组织共治能力、活动或项目设计及执行的能力、对外关系协调和资源筹集的能力，社区社会组织将会经历从种子、小苗、小树到大树的发展过程（罗家德等，2017）。

社区营造议题的切入点可以覆盖社区的方方面面，例如社区社会组织培育、公共空间改造、社区议事协商、社区花园建设、社区互助、垃圾分类、社区教育等。社区营造也在我国各地生根发芽，例如2008年四川汶川地震后，清华大学云村重建团队在四川灾区进行的灾后重建实验；2013年在厦门开展的“美丽厦门、共同缔造”计划；2014年在北京开启的“新清河实验”和“大栅栏社区营造实验”计划；2014年在广东顺德开始推动社区营造；2015年在上海嘉定进行的“社区共营”计划；同年在湖南长沙也开始了社区营造的公益项目；2016年四川成都全面开启社区总体营造计划，同年深圳光明新区进行了社区营造的实验项目；2017年福建泉州推

① 源于对台湾新故乡文教基金会颜新珠老师的分享整理。

动“美丽古城、家园共造”项目；2019 年云南昆明开启社区营造项目，等等。

在这里，我们一起来思考几个问题：

1. 社区营造到底在“造”什么

社区营造最为本质的是营造人，或改变人。社区是由不同个体组成的生活共同体，不论是社区的环境还是社区的文化抑或是社区的治理机制，最本质的还是人，人可以改善环境，可以培育社区文化，更可以建立治理机制，因此社区营造其实是一个改变人的过程。

2. 社区营造改变人的什么

社区营造实际上是改变人的思想、行为和习惯，在这个过程中，不同的个体在共同行动的过程中，逐渐产生彼此的信任和对社区共同体的认同，并且在进行共同行动之前会有集体决策，通过一系列的过程，实现不同个体对社区共治的认同，实现不同个体在社区生活的共同规则，以不变应万变。

3. 社区营造是万能钥匙吗

社区营造改变的是那些想改变的人，只有自己有要改变的意识，才会随着共同行动而有所改变，毕竟“很难叫醒一个装睡的人”。理性看待社区营造的作用，其实社区营造并不是万能钥匙，无法打开社区中的每一把锁。社区营造会以比较温和的方式，改变社区里的大部分人，具有对社区的认同感和归属感。

四、本章小结与思维导图

本章主要分析社区社会组织培育的理论视角，从“组织”理论、“自组织”以及“自组织过程”等视角进一步分析社区社会组织的内部要素（横向分析）和社区社会组织的发展过程（纵向分析）。同时关注社区社会组织作为社区治理的重要力量，在发挥其社区协商主体作用时出现的“公共性”特征及生成机制。最后，以社区营造的视角思考社区社会组织培育的实务方法。

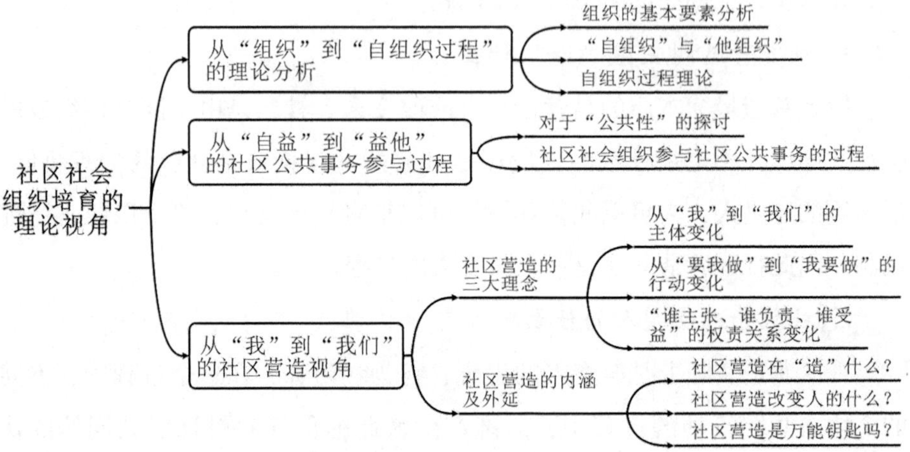

图 2-4　本章结构内容及思维导图

·第三章·

社区社会组织培育前的调查研究

培育者一般会在培育社区社会组织之前对其进行调查研究，并且设计本地区的培育方案与计划。本章分别从调研目的、调研对象、调研方法、调研周期、调研实务、调研内容及案例分析等方面进行阐述。

一、调研目的

对社区社会组织进行培育前的调查研究，主要目的有以下三个方面：第一是了解社区社会组织的生长环境和整体情况，第二是了解社区社会组织的培育意愿和培育需求，第三是培育方与社区社会组织之间建立信任关系。

（一）组织的生长环境及整体情况

通过调研了解社区社会组织的生长环境和基本情况，通常可以分为三个层次。第一是社区社会组织所在街区的基本情况，也是社区社会组织所生长的环境和生态。同时还要结合当地社区社会组织的政策环境、社区环境和政策环境对社区社会组织的发展起到至关重要的作用。第二是在地社区社会组织的整体情况。由于社区基本环境有所不同，从而会影响到社区社会组织的发展情况。通过对社区社会组织整体情况的分析，基本可以了解社区社会组织的优势和不足，为培育体系及方案的设计提供基础信息。第三是社区社会组织的个体情况，即现有的每个社区社会组织的具体情况。

（二）培育意愿及需求

通过调研可以了解社区社会组织对于培育的意愿和需求。每个社区社会组织成立的初心各有不同，发展历程也会有所差异，所遇到的问题也会有共性和个性之分，因此在培育前了解社区社会组织的培育需求是非常重要的环节。这也是对于培育方的挑战，如果组织需求了解得透彻或深入，后期的培育会事半功倍。在了解需求的同时，也要看社区社会组织是否愿意接受培育方的支持和助力。本着自愿的原则，培育方在社区社会组织需要支持时进行培力陪伴效果最佳，避免为了培育而培育，需要真正发挥出培育方的专业优势，体现出培育的效果和意义。

这里需要区分一些社区需求的类型，包括社区居民的需求、社区两委的需求、社区社会组织的需求等。这些都可以作为社区需求的一部分，但每个主体的需求会存在差异。首先，显而易见的一类社区需求是社区居民的需求，也就是社区常住居民对于在社区里居住和生活的需求，包括配套设施及服务、社区环境、邻里关系、政务公开等方面的需求。其次，社区两委（社区基层党组织和基层群众性自治组织）作为党建引领者和“小巷总理”也会面临很多工作挑战。正如“上面千条线，下面一根针”所比喻的，社区两委的工作者们由于时间、人力、专业等方面的需要，往往会通过购买社会力量或商业企业的专业服务，共同解决社区治理的难题。例如，由于社区社会组织培育是近年来社区两委的又一重要工作，因此社区两委通过购买专业力量培育社区社会组织的项目需求和数量日益增多，此时需要了解作为甲方的社区两委对于培育社区社会组织的项目需求。最后，由于社区社会组织的主体性决定了其具有相对的主观能动性和自主性等特征，而社区社会组织与其他主体不同，往往根据其组织发展的需要而具有相应的需求，因此作为培育方需要清晰了解社区社会组织的需求。在复杂的社区场景中，以上三类社区需求其实既有交叉又相互独立。虽然社区社会组织是由社区居民组成，但根据社区社会组织的成员构成及活动内容的不同，一个社区社会组织不会由所有社区居民组成，单一社区社会组织也无法覆盖全体居民，社区居民和社区社会组织的需求必然具有差异性。虽然社区两委是为社区居民服务的，但有些社区居民的需求并非社区两委能够满足和提供的，因此社区两委与社区居民的需求也会存在差异性。例如社区邻里关系等需求是社区居民、社区两委和社区社会组织所共同需要的，三类需求从而会出现相互交叉的现象。

作为培育方的服务对象是社区社会组织，因此社区社会组织的需求也是培育方首先需要了解的。然而在培育社区社会组织的同时，有的培育方是承接了社区或街道的政府购买服务项目的，无论是不是培育社区社会组织的项目，都需要了解社区两委或出资方的需求。即使没有承接街道和社区的项目，培育方在社区场域也需要维护相关方的关系。明确不同主体需求的目的在于，培育方可以根据这些需求，对社区社会组织培育体系进行有效的规划设计，保障组织培育的有效性。

（三）建立信任的关系

通过调研可以与社区社会组织建立良好的信任关系。培育前的调研是培育方首次接触社区社会组织的机会，除了彼此建立工作关系便于后期联系以外，还需要通过调研加深彼此的了解，例如培育方通过调研快速洞察社区社会组织的需求和困惑，社区社会组织则通过与培育方的接触，判断是否愿意接受培育方的专业助力和支持。调研期间的信任关系建立有助于组织培育的开展，避免社区社会组织被动接受被培育的任务，确保培育方的专业性能够得到充分的发挥。

二、调研对象

（一）调研主体的身份特征

组织培育前的调研对象包括多个主体，具有不同的身份特征，包括社区社会组织成员、社区工作者、街道（乡镇）主管科室的工作人员、街道（乡镇）枢纽型组织的工作人员等。社区社会组织的成员中通常会对组织负责人、组织核心成员以及组织创始人等进行调研，以了解社区社会组织的成立过程、历史发展情况以及现状等。社区工作者通常会对社区书记主任、主管社区社会组织的工作人员等进行调研，掌握社区两委对于社区社会组织的支持情况，以及前期来自社区两委对社区社会组织的培育情况。

（二）调研对象的侧重点

根据调研对象身份的不同，每一类主体的调研侧重也将有所区别。例如对于社区社会组织成员的调研重点将会放在组织成立及发展过程，对于社区工作者的调研重点在于社区支持环境，对于街道（乡镇）主管科室工作人员的调研重点在于政策支持环境。

三、调研方法

在社区情况调研过程中，通常可以采用社会研究中的定性研究和定量研究等方式①。

（一）定性研究方法

定性研究方法以归纳逻辑为主，重视在自然的情境下，通过人际互动来诠释研究现象的意义。定性研究常用的资料收集方法包括无结构访问（没有设定特殊问题也没有答案）、半结构访问（事先确定主要议题）、全结构访问（包括自由列答案法、归类法、打分法、排序法等）、小组访谈（包括焦点组访谈和非焦点组访谈）以及观察法（用于了解人们的实际行为，包括无结构观察法和全结构观察法）。

（二）定量研究方法

定量研究方法是对社区内一定数量的有代表性的样本进行封闭式/结构性的问卷访问，对调查数据进行录入、整理和分析，并形成社区调研报

① 详见由笔者合著的《社区营造及社区规划工作手册》第七章社区营造工具包之定性调查及定量调查部分的内容。

告。定量研究根据社区调研的目标人群的范围不同，通常分为普查或抽样调查。普查更适合应用于较小范围的目标人群，例如单亲家庭、低保家庭、失独家庭、空巢老人等；抽样调查则适合应用于范围相对较大的目标人群，例如全社区的居民、社区的外来务工人员等。定量调查的抽样方法可以分为概率抽样（包括简单随机抽样、系统抽样、分层抽样、整群抽样、多段抽样等）和非概率抽样（偶遇抽样、判断抽样、定额抽样、滚雪球抽样等）。具体选择何种抽样方法，则需要根据调研的目的性、可度量性、可行性以及经济性等原则进行选择。定量研究通常使用问卷作为调研工具，问卷的类型包括自填问卷和访问问卷。待问卷收集完毕后还须进行数据录入、数据查错、数据分析、数据表格与图形处理、形成报告等过程。

四、调研周期

对于社区社会组织的调研可以分为首次调研和常规调研，即社区社会组织的调研不是一次性完成的，而是需要长期开展的工作。

（一）首次调研

首次调研根据以上的调研目的，相对常规调研而言，会具有更长的时间、更细致的内容以及更大的规模，相当于是对社区社会组织的一次普查过程。首次调研通常会持续一个月到三个月的时间，根据组织数量的差异决定首次调研的时长。调研的内容也会覆盖社区环境及当地政策环境、社区社会组织的整体情况和每一个社区社会组织的发展过程等，调研的规模也会囊括社区社会组织的负责人、核心成员和创始人，以及街道主管科室的工作人员、社区书记主任、主管社区社会组织的社区工作者等。

（二）常规调研

常规调研则是以固定周期为单位，对社区社会组织进行调研的过程。

比如，可以以每年作为一个周期，每年的年初或是年末对社区社会组织进行一次整体性的调研；或是以社区社会组织发展的每一个阶段作为一个周期，如对从种子阶段发展成为小苗阶段的社区社会组织进行阶段调研，或是对从小苗阶段发展为成树阶段的社区社会组织进行阶段调研，等等。总之，可以根据培育体系的规划情况以及当地社区社会组织的发展情况来确定常规调研的周期。

常规调研也会区别于首次调研，例如调研的内容会偏重于组织的发展过程，首次调研已经进行的社区环境和当地政策环境的情况在发生变化时及时进行关注即可；调研的对象会重点集中于组织的核心成员以及新增的组织成员和角色发生变化的组织成员；调研的周期会相对缩短，调研的规模也会相对减小。

五、调研实务

在调研方法的基础上，还需要详细说明在调研社区社会组织的实务过程中，通常采用的三个调研渠道，即对于社区社会组织的信息一般有以下三个渠道可以进行了解。

（一）二手资料

调研通过街道（乡镇）的社区社会组织备案系统、街道（乡镇）社区社会组织台账和各社区的社区社会组织台账了解组织基本情况，内容往往包括组织总量、组织名称、组织成立时间、组织负责人、组织活动内容、组织类别等信息。然而，通过备案系统和台账等资料仅仅可以了解社区社会组织的一部分内容，还有组织内部结构和组织运行情况等内容难以了解；或者仅仅可以了解一部分已经备案登记或注册登记的组织信息，还有一部分草根组织的信息难以了解。而且每个街道（乡镇）和社区的台账内容稍有差异，因此如果希望全面掌握社区社会组织的情况，还需要通过其他渠道进行了解。

（二）深度访谈

调研可以通过访谈熟悉社区社会组织情况的街道（乡镇）相关科室工作人员、街道（乡镇）枢纽型组织工作人员、社区书记主任或是主管社区社会组织的社区工作者。以上访谈对象对于社区社会组织的现状等情况将会更为了解，对未备案登记或注册登记的社区社会组织也会更加熟悉。需要注意的是，访谈街区工作人员前需要充分做好该区域社区社会组织台账中基础信息的准备工作，访谈时也许会在一两个小时的集中时间段，了解多个社区社会组织的情况。在访谈前需要提前了解社区社会组织的情况才会有的放矢。

（三）追踪观察

调研可以通过追踪社区社会组织的活动以及访谈组织的创始人了解组织的特征、资源和需求。通过已有信息资料和访谈熟悉组织的街道及社区工作人员，可以大致掌握组织的整体情况，然而组织的个体特征以及切身需求还是需要通过与社区社会组织的成员沟通、对社区社会组织的日常活动进行观察后，才可以进行更为准确的判断。需要注意的是，社区社会组织成员由于都是社区居民，需要避免影响其生活，因此在对社区社会组织成员进行访谈时，尽量避免一次性长时间访谈，建议可以分为多次短时间的访谈，也可以通过参与社区社会组织的活动。在活动开始前后，与社区社会组织成员沟通尚未了解到的信息。

以北京大栅栏地区的调研为例。笔者所在的清华社区营造团队（以下简称“清华社造团队”），在进行社区社会组织培育前，在大栅栏街道的支持下，曾经集中性地对大栅栏街道 9 个社区进行了为期两个多月的社区社会组织调研工作。从 2014 年 12 月至 2015 年 2 月，共访谈了 23 位相关人员，包括街道主管社区社会组织的工作人员 2 人，社区书记主任和主管社区社会组织的社区工作者 11 人，社区社会组织成员 8 人，专业社会组织工作人员 2 人。在调研方法上，除了对已有备案组织的信息台账进行二手资料的学习以及采用一对一深度访谈的方式外，还对石头社区公共活动空间进行了为期一周的定点跟踪式观察访谈，访谈对象包括社区书记主任、社区社会组织核心成员、专业社会组织工作人员以及社区居民等各类群体。

六、调研内容及案例分析

本部分将配合案例分析进行详细说明，目的在于完整且深入分析调研过程中的具体内容和调研后的产出成果，主要包括社区环境、社区社会组织整体情况以及社区社会组织个体情况三个层次。

（一）对社区社会组织所在街区基本情况的调查研究

社区社会组织所在街区的情况通常可以分为基本情况以及人、文、地、产、景等维度。

1. 社区的基本情况

包括社区的行政区划（省级、地级、县级、乡级）、社区类型（传统单位型、商品房住宅型、老旧街区型、城中村型、纯乡村型等）、占地面积、四至范围、建制沿革等。

以北京大栅栏地区的调研为例。笔者所在的清华社造团队于 2014 年 2 月由清华大学社会学系沈原教授和罗家德教授带队，由若干博士生、硕士生和志愿者组成研究团队，在大栅栏地区展开了一场长期的社会学实验，至今已有 8 年的时间。清华社造团队在 2014 年 2 月至 2015 年上半年开展了一系列社区调研工作，目的在于了解当地社区的基本情况。

清华社造团队在调研工作开始之前，建立了大栅栏社区建设课题组，并在市区社会办、区规划委、大栅栏街道工委以及大栅栏投资有限责任公司等单位的支持下，在大栅栏地区抬头巷 7 号成立了研究基地，有多位研究人员长期驻扎在研究基地进行社区调研等工作。社区调研分为基本普查和深度调查等方式。

基本普查包括对大栅栏街道范围内的 9 个社区进行院落信息普查、房屋信息普查和人口信息普查。基于房屋信息普查，了解辖区内的房屋产权情况、房屋管理情况等情况。基于人口信息普查，了解当地人口年龄结构、性别结构、工作情况、政治面貌，等等（李强 等，2017）。基于院落、房屋和人口三个图层，建立了大栅栏的基础信息数据库系统，可以实现数据的查询和搜索以及相应的分布图分析。

深度调查分为三个部分：一是 2014 年对大栅栏耀武胡同的 50 户居民进行深度访谈，内容涵盖居民类型、居民对社区和生活的期待、居民对房屋建筑和空间的想法、居民内部自组织的资源和可能性；二是从 2014 年 5 月至 11 月对大栅栏 36 位传统手工艺人进行访谈，内容包括手工艺人从艺基本情况、经营状况、与政府部门的关系等；三是 2015 年 5 月对大栅栏三井社区进行入户调研，内容包括社区人口结构、民生问题、日常生活等基本情况，以及人际关系网络、社区事务参与程度等内容。形成有效问卷 372 份，其中本地人问卷 242 份，外地人问卷 130 份。并将房屋情况、居民家户和收入消费情况、社区意识及个人关系网等信息，补充到之前已建立的大栅栏基础信息数据库中。

基于以上定量调研和深度访谈，对大栅栏地区的基本情况和人、文、地、产、景等维度有了清晰、全面的了解。

其中大栅栏地区的基本情况包含以下内容：北京市西城区大栅栏街道地处北京旧城核心区域，属于老旧胡同街区，占地面积 1.26 平方千米，共有 114 条胡同，东至前门大街，南至珠市口西大街，西至南新华街，北至前门西大街，属于开放性街区。2010 年由宣武区划归为西城区。大栅栏街道共有 9 个社区，分别是百顺社区、大安澜营社区、大栅栏西街社区、煤市街东社区、前门西河沿社区、三井社区、石头社区、铁树斜街社区和延寿街社区。

2. “人”

一般为人口结构特征，包括根据性别、年龄、民族、姓氏等为依据呈现的人口数量和人口结构情况、特殊家庭结构（例如单亲家庭、失独家庭、空巢老人、独居老人、残障人士、留守儿童等）的特征和数量等基本情况。

以北京大栅栏地区的调研为例。街道户籍人口约为5.6万人2万余户，常住人口约3.7万人，人户分离4万余人。流动人口约1.4万余人，流动人口占地区常住人口近40%。而90%的流动人口是高中以下学历，呈现低学历、低技能、低素质的特点。居住人口有汉族、蒙古族、回族、藏族等27个民族，其中汉族人口占辖区总人口的94.3%。大栅栏街道的残障人士、低保户、“两劳”释放人员数量都很多，仅残障人士就有2000多人。大栅栏地区的老龄人口为26%，老龄化程度超过了全市平均水平，老龄化现象非常严重。地区内无业人员居多；居民收入偏低，一般为人均3000元左右，主要依靠退休金或低保维持生活，属于低收入人群。居住在此的绝大部分是二十世纪五六十年代，在北京工厂进社区及北京南城工业化背景下，居住于单位公房的工厂工人（李强等，2017）。居民中的第二代即青壮年大多在外另有住房，并不在该社区中居住和生活。由于大栅栏地区毗邻商业繁华地区，提供了较多就业机会，更兼之以交通便利、房租低廉，故大栅栏街区聚集了大批外来经商、务工人员及其家属，总量曾经一度达到4万余人。他们在此地租赁房屋居住，多以饮食行业的小买卖、收废品、维修电器等为业，月收入一般为2000~4000元，大多租住平房，一间10平方米的平房租金为500~600元。他们经营的商业，如熟肉、主食、水果、饮料、小餐饮等，镶嵌在社区周边，多以向旅游者和外来务工从业人员提供服务为主，与本地社区居民生活关联性不强（沈原，2019）。

3. “文”

一般为历史文化内涵，包括重大历史事件、当地方言、当地名人、特色风俗、特色美食、重要节庆、文艺作品、手工艺品、社区符号（例如社区Logo、旗帜等）。

以北京大栅栏地区的调研为例。大栅栏地区距今已有600年历史，因辖区内的一条大栅栏商业街而闻名。2002 年就被列为“北京旧城历史文化保护区”，是北京市 33 个历史文化保护区之一，2015 年则被列为首批全国历史文化街区。上溯到 15 世纪，大栅栏的胡同两头都有柳条编织的大门，到晚上就紧紧关闭，以防小偷进入这个当时较为富庶的城市中心商业区打家劫舍，“大栅栏”因此而得名（张金起，2008；迈克尔·麦尔，2013；李强 等，2017）。

大栅栏地区是京剧文化的发源地、北京最早的金融商业文化和市井胡同文化的中心。首先，大栅栏是最早的徽班进京之地，共诞生了包括程长庚、谭鑫培、梅兰芳等在内的 300 余位京剧名家。在清代时，大栅栏街内就有庆乐园、三庆园、广德楼、广和园和同乐园 5 家戏园。现如今更是保留了众多京剧名家的故居，例如位于百顺胡同的程长庚故居、大外廊营胡同的谭鑫培故居、笤帚胡同的杨小楼故居等。为了传承梨园文化，还在纪晓岚故居旁落成了“京剧发祥地”地标石广场，一同落成的国粹苑更是成为京剧爱好者的活动场所。其次，从清代中叶开始，北京城内最具代表性的钱庄、银号、银行大都聚集在大栅栏地区，形成了大栅栏地区的金融文化。许多商业老字号也聚集于此，例如同仁堂、瑞蚨祥、内联升、张一元等，形成独特的商业文化。最后，旧时的老北京以紫禁城（宫城）为核心，外围还有皇城、内城和外城。明朝永乐年间，围建了九座城门作为内城；嘉靖三十二年（1553 年）又围建了七座城门作为外城。而清朝顺治年间，将北京内城的几十万汉民强迫迁往外城（南城），实行满汉“分城而居”的政策，而大栅栏则正处于外城且毗邻内城的位置，因此在大栅栏地区聚集着大量的商业场所和娱乐场所，在此形成了北京最为底层的民众市井文化（张金起，2008）。

4. “地”

一般为地理空间状况，包括地貌特征、水资源情况（河道、池塘等）、特殊植被、名木古树等。

以北京大栅栏地区的调研为例。大栅栏地处北京中心城区，属平原地区。受温带季风气候影响，四季分明，春季容易出现大风或沙尘天气，夏季炎热多雨，冬季寒冷干燥。由于以上气候特征，大栅栏地区的植物多在夏季较为繁盛，例如北京市花月季，由于其具有适应性强、耐寒耐旱等特点，因此作为大栅栏地区花池中的代表植物，成为室外观赏花卉之一。除此以外，社区居民会种植一些绿萝、茉莉等小型盆栽，还会在自家院落中搭建木质廊架，种植葡萄、瓜类等可食用植物，除了具有观赏价值以外，居民们还会在盛夏之日分享自己种植的果实共同品尝。

5. “产”

一般为地方产业特色，包括企业资源（如大型企业和“七小”门店，包括小餐饮、小食品店、小美容美发店、小浴室、小网吧、小歌舞厅、小旅店）和社会资源（如学校、医院、派出所、邮局、社会组织、社区能人等）。

以北京大栅栏地区的调研为例。大栅栏地区有中央直属单位 2 个，市属单位 8 个，区属单位 15 个，中、小学 3 所，幼儿园 2 所，综合医院 1 家，社区卫生服务站 3 个。同仁堂、张一元、瑞蚨祥等 40 多家中华老字号企业坐落于此，其中被商务部认定的百年以上的老字号有 28 家。大栅栏不仅有百年老字号企业，还有茶楼戏院（如三庆园、广德楼、正乙祠等）、影楼会馆（如大观楼电影院）、商业银行（如盐业银行等）等，以及打造的新文化地标北京坊。大栅栏地区的微小企业的数量也很多，例如在七小门店中，仅小旅店就有 130 多家。地区内有清华大学、北京林业大学、北京师范大学等高校进行课题研究，还有多家社会组织（例如立德、福寿百年、群学等）在街道和社区内开展社会服务。

6. “景”

一般为景观建筑情况，包括建筑风格、特色地标建筑、历史建筑，社区内的观光景点、公园绿地、公共设施等。其中公共设施包括街镇、区级以上的设施，如大型会议中心、音乐厅、博物馆、大型图书馆、街镇文化活动中心等；公共设施还包括社区内的公共活动空间，包括党群服务中心、社区活动中心、社区花园、儿童公共游乐设施、公共健身设施、卫生服务站等。

以北京大栅栏地区的调研为例。大栅栏地区为胡同风貌街区，除前门西河沿社区为多层楼房和平房混居以外，其他社区建筑形式均以平房院落为主。建筑风格多为老北京四合院或大杂院，房屋多为砖木结构。大栅栏地区由于是北京历史风貌保存较好的街区之一，因此可以在大栅栏西部和南部地区看到保存完整的街巷胡同格局，例如棕树斜街、铁树斜街、三井胡同等。由于是国粹京剧的发源地，在百顺、石头胡同一带还保留着京剧名家的故居，如程长庚故居、梅兰芳故居等，以及“京剧发祥地”的地标石。大栅栏地区曾存在60余处庙宇，其中观音寺、火神庙、清真寺等都具有相当规模，如今还保存有完整原貌的寺庙是杨威胡同的“清真礼拜寺”，其他寺庙均改为居民住宅或为机关团体驻用（张金起，2008）。大栅栏地区由于是历史文化保护区，因此完整保留了国家级文物和市级文物，例如老交通银行、老工商银行、老字号谦祥益等。大栅栏目前有多个公共空间作为社区社会组织和社区居民的活动空间，包括社会组织服务中心“有邻苑”、养老服务照料中心“银鹤苑”“国粹苑”“老街坊乐园”、大栅栏文体活动中心、大栅栏社区服务中心以及“益民书屋”等。每个社区居委会也有社区活动室，但由于地处胡同区域，公共空间面积较小且数量有限。

通过对这一案例相对全面的阐释，对于理解社区基本情况及人文地产景五个维度具有参考意义。对于其他地区或不同类型的街区也可以参考以上方法进行社区整体情况调研，利用描写当地的著作和文献，以及不同的调研方法，认识和了解社区社会组织所在地区的资源和生态环境。

（二）对社区社会组织整体情况的调研内容

通常各种类型的社区都会存在若干个社区社会组织，有些社区的组织数量较多，有些社区的组织数量较少，以社区或街道为单位，对社区社会组织整体情况进行调研便于了解组织的发展情况以及未来的培育方向。通常采用的方式是定性与定量结合的调研方式，可以采用学习街区的社区社会组织台账和访谈街区的工作人员等方法。

对于社区社会组织的整体情况可以分为组织数量、组织类别以及成立年份三个方面进行调研。

1. 社区社会组织的组织数量

在对社区社会组织进行调研时，首先需要清晰了解的是该地区社区社会组织的整体数量，即组织存量。既是预估调研所需的时间和工作量，也能够在培育前明确存量基数。

对于组织数量的调研，首先可以根据台账信息进行统计。但可能会出现三种情况：第一是所提供的台账或二手资料中包括了所有存在过的社区社会组织，例如现存的和已消亡的，需要在实地访谈过程中将仍活跃的和已经消亡或僵尸状态的组织区分开来；第二是由于台账统计具有周期性，因此未包括现存的新增组织，在后期访谈过程中需要增加；第三是由于统计口径不同，台账上的社区社会组织与未来即将培育的组织范围不同，例如台账上出现的组织是借用该地区的场地，但并不是本地居民形成的组织，在后期对组织个体进行分析时需要有所区分。

其次可以根据对街道（乡镇）和社区级工作人员的访谈进行梳理。之所以要对不同层级的工作人员进行访谈，是因为将会出现以下三种情况：一是有些组织不属于某一个社区，而是属于街道级的组织；二是有些组织由于主管部门是街道，因此属于街道的组织，但不属于某一社区的组织；三是有些组织只是使用某社区的场地，但不属于该街道的组织。

以北京大栅栏调研为例。2015 年大栅栏街道备案社区社会组织数量为 65 个，2015 年初集中调研到 79 个社区社会组织，经过分析统计发现调研和备案信息重合的组织有 47 家，调研到未备案的组织 32 家，只有备案信息的 18 家，彼时大栅栏街道共有 94 家社区社会组织（调研总量原为 97 家，由于有 3 个调研对象后经确认并非社区社会组织，因此排除）。经过调研后，发现街道内实际存在的社区社会组织数量比备案台账多出 30 余家，经过分析发现造成社区社会组织数量差异的原因是多方面的，主要有以下三个方面：一是在街道备案的社区社会组织中未包括已注册的社会组织9家，而这些已经注册的社会组织却扎根在街道和社区开展各种服务或支持性工作，因此需要进行补充；二是街道备案的社区社会组织未包括社区的草根组织21家，这些草根组织虽然尚未发展成熟，但在社区中的活跃度较高，因此需要进行补充，并且可以作为未来培育的对象；三是在街道备案的社区社会组织中未包括借用社区场地但组织成员来自外社区的2家组织，因其也会在社区活动，为了与后期培育对象做区分，因此也需要进行补充。

2. 社区社会组织的组织类别

根据社区社会组织的三种分类方法，可以将社区社会组织按照备案注册情况（民政部门注册登记、街乡备案登记、未注册且未备案）、归属范畴（民政部门、乡镇街道、社区两委管理）以及活动内容（兴趣类、教育类、环保类、服务类、互助类、自治类、慈善类、支持类、维权类）等方式进行划分。

以北京大栅栏地区的调研为例。在2015年调研的94家社区社会组织中，已经在民政部门登记注册的有9家，在街道备案登记的有65家，未注册也未备案的有21家。而在民政部门已经登记注册的9家组织中，3家是属于街道级别的组织，在街道范围内开展养老、社区服务等活动；还有6家是外部专业社会组织，在街道和社区开展例如法律咨询、社区服务等专业服务。未注册也未备案的21家组织中，3家是在街道范围内开展活动，其余都是在社区开展各类活动，其中有2家是外社区的居民自发形成的兴趣类组织，借用大栅栏社区的场地进行活动，但与社区其他活动关联不大。备案的65家组织都是在社区两委的引领和管理下开展各类活动。

各社区的组织类型与街道整体组织类型类似，也有此共性特征，即社区内往往会包括已经在街道备案的相对成熟的组织、刚刚出现未备案的草根组织以及由外部引入的各类专业性社会组织，例如石头社区彼时共有16

个社区社会组织，其中备案的有8家，草根有3家，还有5家是引入的外部社会组织，长期驻扎在该社区开展各类专业的服务。

另外，94家社区社会组织根据活动内容划分，服务类28家（包括在社区里进行为老服务、残障人士服务、特殊家庭服务以及特困帮扶等）、兴趣类23家（包括文体娱乐、手工编织等）、自治类22家（包括每个社区都有的志愿者联络站、巡逻队等），以上三类组织几乎每个社区都有若干个；还有环保类7家（例如垃圾分类、社区清洁等）、教育类6家（例如各类宣传队、劝导队等）、支持类6家（例如社区社会组织联合体或社区级平台类组织），这三类组织属于由于社区工作的需要，慢慢发展起来的组织类型；还有慈善类1家、互助类1家。由于大栅栏地区是胡同区，直到2017年才有了胡同准物业，因此暂无业委会。

以活动内容为依据对社区社会组织进行类型学划分的目的在于，不同类型的社区社会组织会表现出不同的基本特征，具有明显的组织资源和组织需求，对于培育路径的设计与规划具有明显差异性。

兴趣类组织以其在每个社区中的成立时间早、组织数量多、活跃程度高、自主能力和意识强为特征，组织成立的动力来源为社区居民的兴趣爱好，组织目标为丰富社区居民的文化生活，活动内容为唱歌、跳舞、书法、绘画、手工编织，等等。组织最大的资源是组织成员的主观能动性，并且具有强烈的对外筹集资源的意识和能力。而大部分兴趣类组织的社区“公共性”不足，缺乏关注社区公共事务的公共精神，往往沉浸在自我娱乐的状态中。由于以上的组织特征，往往会被官方力量（如街道乡镇及社区两委）排除在组织培育范围之外，而得不到组织发展的有力支持或资源保障。然而这类组织实际上可以成为组织培育工作的突破点和亮点，原因在于兴趣类组织的成员均是相对活跃的社区积极分子，时间充裕、精力充沛且社交能力强，因此若培育方加以引导，增强与兴趣类组织的合作意识，这类组织在社区里将发挥出更大的作用。例如大部分兴趣类组织在学习文娱技能之后，会需要展示的舞台和表演的机会，培育方可以引导兴趣类组织除了定期的学习或排练以外，还可以鼓励其参与本社区、本街乡镇、本区县内的不同级别的文艺演出；或是引导其关注社会上举办的各种相关比赛，鼓励其自主报名参赛；或是引导其可以利用自己组织技术的优势，面向社区居民进行培训、教授相关技能；还可以引导多组织进行联合，担任社区或街乡镇级别某场演出的策划与实施者；最后是可以引导兴趣类组织与其他类型的组织以合作的形式在社区自主举办社区公共活动，例如邻里节、各类庆祝活动等，在活动中除了担任表演者外，还可以担任策划、召集、宣传、控场等角色。除了兴趣类组织整体参与社区公共事务以外，兴趣类组织中的成员还可以通过参与社区的活动成为新晋志愿者，参与其他类型的社区活动，或是加入社区两委班子作为居民代表成为公益委员，等等。培育方对于兴趣类组织培育的重点在于发挥其兴趣爱好与技术才能，并提供其发展空间与展示机会，在其自主性较强的基础上逐渐培育出社区公共服务的意识与能力，成为社区的一抹亮色及品牌组织。

教育类组织与兴趣类组织的活动内容相类似，集中于社区居民喜闻乐见的生活娱乐内容。但与兴趣类组织的不同之处在于，教育类组织最为明显的特征是以组织内的专业老师为核心，即老师的专业性是直接影响教育类组织是否可以持续发展的关键要素。教育类组织往往是通过口碑或是宣传，吸引更多社区居民参加其组织的培力活动。而兴趣类组织中的核心人物却是队长或核心成员，其组织负责人的必备要素是动员能力和组织管理能力，而非专业特长能力。教育类组织出现的过程也与兴趣类组织不同。教育类组织的出现通常是社区两委或街道的工作人员牵头发布招募通知，配备老师，提供场地，对参加培训者进行授课。经过一段时间后，如果老师有意愿继续教学，社区或街道一般会继续提供场地和设备；但若老师有其他安排，或是由于老师需要讲课费而社区或街道由于种种原因无法提供时，也许教育类组织就会慢慢消亡。如果教育类组织中学员之间的关系能够超越在课堂上的学习，且愿意在课下也一起活动或学习，此时有可能会慢慢转化为兴趣类组织。例如街道内的老年大学通过定期举办不同内容的讲座培训，会出现若干个兴趣类的社区社会组织，而兴趣类社区社会组织也会把老年大学作为继续提高组织技术的支持资源。

服务类与互助类组织是目前社区需求量比较大的组织类型，由于其可以为社区居民提供一定的邻里互助活动或某类专项服务，因此也会受到社区工作者更多的重视以及资源的倾斜。然而这两类组织也有一定的差异，对于培育方式将有所侧重。服务类组织通常是一个社区的标配，例如助老队、义工队、某某服务队等。早期是由社区工作者甚至社区书记主任牵头成立的一个队伍，当慢慢形成日常性的服务规律后，社区工作者会寻找较为热心的积极分子或是党员代表担任队长。当社区计划举办相关活动时，队长会听从社区工作者的安排，负责通知其他队员来参加活动。需要注意的是，服务类组织的自主性与兴趣类组织的自主性具有明显的区别，兴趣类组织会自己设计或决定活动内容，但服务类组织基本是听从社区两委的工作安排，很少会自我主张或自主实施相关活动。正因如此，培育方需要引导服务类组织思考组织目标，自主设计和实施组织活动，提高其主观能动性。同时还需要引导服务类组织寻找本组织的专业师资力量，经过定期的培训，提升队员们在相关领域的服务能力，发挥服务类组织的功能与作用。例如助老队员们需要定期培训并学习与老人及家属沟通的技巧、学习心肺复苏的急救方法、学习测量血压血糖仪器的使用方法，等等。服务类组织更多是组织成员为某类服务对象(如空巢独居高龄老人等）提供相应的服务活动，表现为单项服务的过程；但互助类组织则是居民之间的双向互动过程，并且也不要求互助类组织具有某项服务专长，能够通过互助活动改善或促进社区居民之间的邻里关系，实现熟人社区的目标。培育方对于服务类组织需要引导其定期开展培训以提升服务能力，而对于互助类组织则需要引导其定期自主开展邻里互助的活动，并可以提供更多的机会搭建邻里间交流、互动的平台，促进互助类组织持续性发展。

环保类组织在社区内的活跃度也比较高，通常会有专业的环保类社会组织提供助力与支持，例如酵素堆肥、环保肥皂的制作、环保艺术品的制作、环保服饰制作等内容。然而在活动过程中环保类组织因需要一定的物料或物资的支持，因此多以公益项目的方式开展组织活动。培育环保类组织的过程也是需要挖掘和寻找环保达人的过程，通过环保达人对于环保技能和专业知识的渴望，引导其自主学习环保技能、寻找学习资源，并鼓励环保达人将所学的技能和知识分享给更多的社区居民，应用于居民们的生活当中。作为环保类组织的培育方，不仅需要具有环保领域的专业知识，还需要具有组织培育的理念和知识，即不只是举办环保活动，还需要具有挖掘环保达人的能力，并引导其具有自主学习和分享的意识与能力，逐渐形成本地区内生的环保类组织。同时培育方也需要避免环保类组织出现的依赖心理和“巨婴”状态，鼓励和引导组织成员自主寻找与环保相关的资源，提高组织的自主性和主体性。由于近年来生活垃圾分类成为社区工作者的任务之一，对于环保类组织的重视程度也非常之高。然而需要注意环保类组织与社区垃圾守桶志愿小组的区别，单纯的垃圾守桶志愿小组仅仅是由社区内多位志愿者组成，通常是听从社区工作者安排，并以积分奖励作为激励措施的志愿行为，实际上尚未形成组织形态，因此其持续性相对较弱，自主性也无从谈起。而环保类组织的活动内容可以包括生活垃圾分类，需要培育方有效引导，鼓励环保类组织关注社区公共卫生现状，并提供一定的机会促进其逐渐参与社区公共卫生事务。

自治类组织由于可以以社区为单位，也可以楼院为单位，甚至可以单元门为单位，因此自治类组织未来将会是社区社会组织的数量增长点，然而需要注意与维权类组织（例如业委会和物管会）的区别。自治类组织更多是居住在同楼栋或同楼门的居民自发组成的居民组织，大部分组织为备案状态，即尚无法律合法性身份；然而业委会则是由街道社区牵头，并会参与业委会的筹备与运营，且业委会拥有法律合法性身份，因此两类组织从构成、发挥的功能、权力范围均不同，培育方需要根据不同类型的组织特征进行培育，发挥其各自的优势与作用。

支持类组织例如社区社会组织联合会、社会组织服务中心等将会成为社区社会组织最直接的专业支持力量，并且目前大部分支持类组织均是本地内生组织，以本乡镇街道作为业务主管单位，在区级民政部门进行登记注册，组织成员大部分为退休社工、辖区居民。然而目前大部分支持类组织的专业能力有待提升，培育方需要从培育理念、专业知识、实务方法、工具包等各方面对其进行陪伴式培力，助力本地区社区社会组织的整体发展。

3. 社区社会组织的成立年份

社区社会组织的成立是基于一定的原因，或是出于社区居民的需求，或是出于社区社会组织成员的需求，或是出于社区工作的推动等。了解一个地区社区社会组织的整体情况，除了可以从组织的数量了解整体规模或从组织类别了解整体特征以外，还可以通过组织成立的年份了解该地区社区社会组织的发展历史。例如组织出现的起始点、组织集中出现的阶段、对组织常态化增长幅度等情况的分析。

以北京大栅栏地区为例。从2000年至2019年的近20年间，该地区共出现过124个社区社会组织，根据组织成立年份形成以下示意图，能够观察到以下五个现象：一是该地区社区社会组织成立起始点在2000年；二是组织成立波峰出现在2012年；三是出现过三个组织成立的上升期，分别在2002—2003年（第1阶段），2006—2007年（第2阶段），2010—2012年（第3阶段）；四是出现过两个组织成立的平稳期，分别在2003—2006年（第4阶段）和2014—2019年（第5阶段）；五是每年都有新增的组织出现。

结合所在地区的生态环境以及所处地域的政策环境，通过分析有以下四个发现。第一，由于在2000年民政部发布了《关于在全国推进城市社区建设的意见》，对于全国城市社区建设具有很强的推动作用。在大栅栏街道也开始了“居民自治”的探索，有些社区慢慢出现了以社区居民为参与主体的兴趣类组织。例如，从2000年成立的石头社区健身队、2002年成立的前西社区统战艺术团等社区社会组织，逐渐丰富社区居民的文体生活。第二，从2011年开始，大栅栏街道有意识培育本土的社区社会组织，

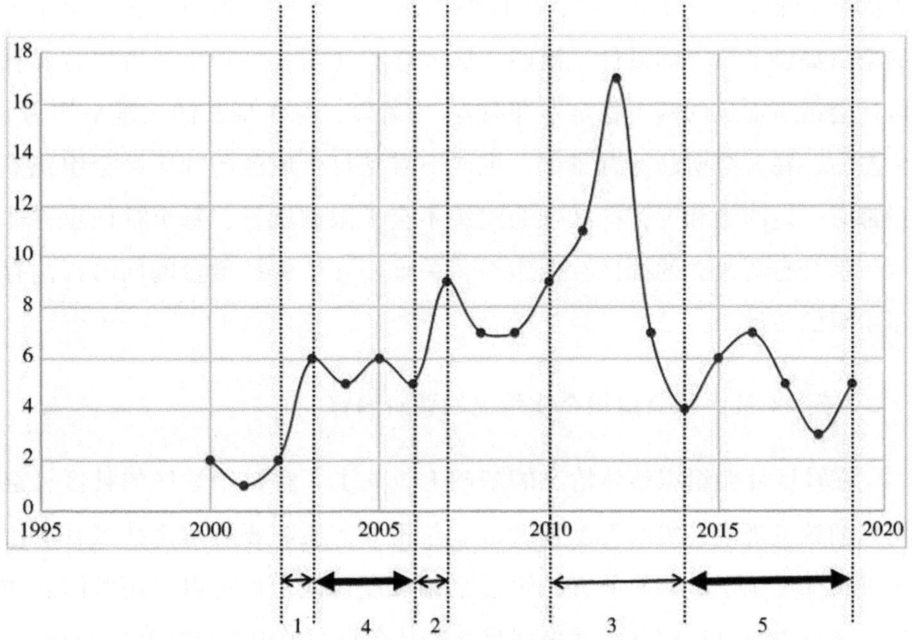

图 3-1　大栅栏地区社区社会组织成立年份情况示意图

并在 2012 年时，随着西城区社工委大力推进政府购买社会服务项目的实施，大栅栏街道打包申请了 19 个项目，都是社区社会组织和机关科室急切希望做的事情，也极大促进了社区社会组织的发展，好比一剂社区建设的“强心剂”。因此，可以看到 2012 年成立的组织是近 20 年来最多的一年，包括每个社区都建立的志愿者联络站、社区巡逻队等社区社会组织。第三，从示意图（图 3-1）中第 1、2、3 阶段表现出来的三个组织成立的明显增长期，可以充分体现出各级政策环境带给社区社会组织的推动力量。除了刚刚提到的民政部在全国推进城市社区建设的政策背景以及西城区社工委大力推进购买社会服务以外，在 2007 年北京市发布了《社区公益事业经费专项补助资金管理办法》，明确了社区公益金的专款专用、项目管理、资金使用等规范，保障社区居民开展文体、教育、治安、精神文明等活动所需的资金和场地的支持。紧接着，在 2008 年北京市连续出台了 5 个加强社会建设的重要文件，俗称“1+4 文件”，从社区工作到社会组织建设都有了强有力的政策支持，可以看出从中央到地方均为社区社会组织的增量提供了发展的条件。第四，从示意图（图 3-1）中还可以看出社区社会组织增长的两个稳定期即第 4、5 阶段，每年增长的数量平均为 5 个左右。在大势所趋的背景下，也能够看到每个地区的社区社会组织数量都有一定的饱和度，社区社会组织不会无限制增长，每个社区也并非每年都会有新成立的社区社会组织，关键还在于保持增量的同时提高存量组织的质量。

（三）对社区社会组织个体情况的调研内容

在社区社会组织整体情况的基础上，除了了解整个地区的社区社会组织的数量规模、组织类型以及成立年份外，还需要对每个社区社会组织进行深度调研。调研的方法可以采用深度访谈，也可以采用跟踪式访谈，还可以通过追踪其活动来观察社区社会组织的内部结构和行为特征。如果有组织通信录，在对方运行的情况下，可以提前进行学习。通常情况下，组织负责人、组织发起人以及组织核心成员会作为被访谈对象，采用一对一或一对多的访谈形式皆可。相较于社区总体情况调研和社区社会组织整体情况的调研而言，社区社会组织个体情况的调研周期较长，调研的规模较大，调研的难度也较高，主要表现在社区社会组织会经历不同的发展时期，会经历组织变革、合并或拆分。尤其是已经成立了几十年的组织，要想了解组织的前世、今生，有时候一个组织成员难以完全了解，需要通过访谈多个组织成员方可清晰且完整掌握组织情况。因此对于社区社会组织的个体情况调研，往往无法一次性掌握组织的所有信息，需要长期的观察，甚至是在后期培育的过程中，通过陪伴和培力的互动过程来加深对组织的了解。因此在培育前的调研中，重要的是建立起培育方与社区社会组织的信任关系，且根据社区社会组织的六个基本要素，初步了解组织的参与者、组织架构、制度规范、组织目标、行动技术以及生态环境。

1. 组织的参与者

组织的参与者可以从以下三个方面进行调研，由于调研内容比较细致，可以根据组织实际情况选择适用内容。

（1）组织参与者的构成。可以将组织成员按照组织负责人、组织核心成员、一般成员、边缘成员进行圈层划分，了解每一圈层的人数以及占比情况。

（2）组织参与者的个体情况。无论处于哪一个圈层，每一位组织成员的姓名、性别、年龄、职业（或退休前的职业）、教育背景、收入来源、现居住地（重点为是否在本社区）、政治面貌、联系方式、个人特长等信息，同时了解该组织成员加入组织的时间、加入组织的原因、在组织中的角色（角色是否发生过变化）、为何担任此角色、在社区范围内的其他身份或角色。

在组织成员加入组织的原因中，可以重点了解是通过谁的动员知晓该组织，以及通过谁加入该组织中，从而了解小团体形成过程中的动员关系，便于理解组织内部成员间的关系网络。

组织成员除了在该组织内部担任一些角色（例如组织负责人、组织核心成员等）外，在社区范围内也许还有其他的身份或角色，例如党支部书记，或是社区公益委员，或是楼门长，或是其他社区社会组织的成员，或是外部专业社会组织的成员等，了解了组织成员的其他身份信息，更易了解组织的外部资源，更易理解组织设计或实施某类活动的缘由。

（3）组织发起人。组织的发起人也许并非组织的负责人，也并非组织内部的成员，有可能是组织外部成员或是社区外的干预者。通过组织发起人的调研，重点了解组织成立的原因、目标以及过程，发起人的初心以及其他组织成员的动员过程。例如，发起人目前在组织中的角色，且角色是否发生过变化；如果发起人目前不在组织内部，其原因以及发生了怎样的故事。

2. 组织架构

组织的架构可以分为组织参与者的分工和职责，以及组织现行的架构与历年的架构的变化内容和变化原因。

3. 制度规范

制度规范可以包括以下内容：一是组织有无自定规则；二是组织各方面制度的内容，例如准入和准出机制、奖励和惩罚机制等；三是组织内部沟通渠道，例如线下会议制度、微信群线上规范等。

4. 组织目标

组织目标主要包括组织成立初期、组织发展不同阶段以及组织现阶段的目标变化，例如在组织初期组织希望达到的目标，在组织发展过程中组织目标是否发生变化，发生变化的原因，现阶段组织的目标，未来组织希望做的事情、对组织发展的期待等内容。

5. 行动技术

行动技术主要包括组织活动的内容、频率、周期，活动的地点、所需设备，活动参与的对象、数量、特征，活动所需资源如资金来源、所需资金量等。

按照组织活动的目的可以分为常规性活动、服务性活动以及支持性活动，这几种不同类型的活动往往容易混淆为一体，建议在调研实务中进行区分。尤其是不同活动的参与者，例如常规性活动的参与对象基本均为组织成员，即组织的参与者；但服务性活动的参与对象则不同，属于组织的服务对象，即指组织为了哪个群体开展的服务性活动，例如为社区高龄老人开展的服务活动，或是为社区特困群体设计的活动等。需要区分社区社会组织的服务对象与参与者，参与者是社区社会组织的基本要素，而且是影响其他要素的关键性因素；但不是所有的社区社会组织都会具有服务对象，只有社区社会组织在开展服务活动的时候，才会有服务对象。有时会误将社区社会组织的参与者视为服务对象，在一个社区社会组织的活动中，每个参与者通常只会具有一种身份，一般不会同时具有两种身份。

区分不同活动类型，除了明确参与者的身份外，还体现在活动的设计和实施的规范性上。常规性活动通常是组织成员所需的会议或是提升组织成员能力的活动，活动设计只要符合组织成员的需要即可。与常规性活动不同，支持性活动由于是属于配合其他相关方完成的活动，因此整体活动的主导方不是该社区社会组织，只需要配合主办方完成所参与的相应环节即可。服务性活动则是需要社区社会组织作为活动设计、实施的主体，对于活动筹备、内容实施、整体设计都有相对较高的要求，因此如果社区社会组织开展的是服务性的活动，除了行动技术所需了解的内容外，还需要进一步了解组织成员的服务技能如何获得、该组织如何找到服务对象、服务对象对于组织服务的评价、服务活动实施过程中的分工情况、服务活动的经费来源、活动经费管理的方式和使用规范、该组织与服务活动相关的其他利益相关方的关系等内容。

6. 生态环境

生态环境部分的调研内容包括社区社会组织与政府部门、社区两委、驻区单位、专业社会组织以及其他社区社会组织等相关方之间的互动方式。例如：社区社会组织对此相关方的熟悉度和关系的把握度，与之交往的频次、交往周期、相互评价等，相关方提供给社区社会组织的资源情况及目的，包括经费、场地、物资、分享或表演机会、联合举办活动和专业师资等，社区社会组织与相关方互动过程中的难点和经验等内容。

七、本章小结与思维导图

培育方在社区社会组织培育前，需要了解社区社会组织所处的地域环境、整体情况、个体情况，为接下来的培育过程做好基础性工作。本章通过调研目的、调研对象、调研方法、调研周期、调研实务及调研内容六部分，详细阐释了社区社会组织调研的实务方法与具体过程，并配合案例进行解释说明。

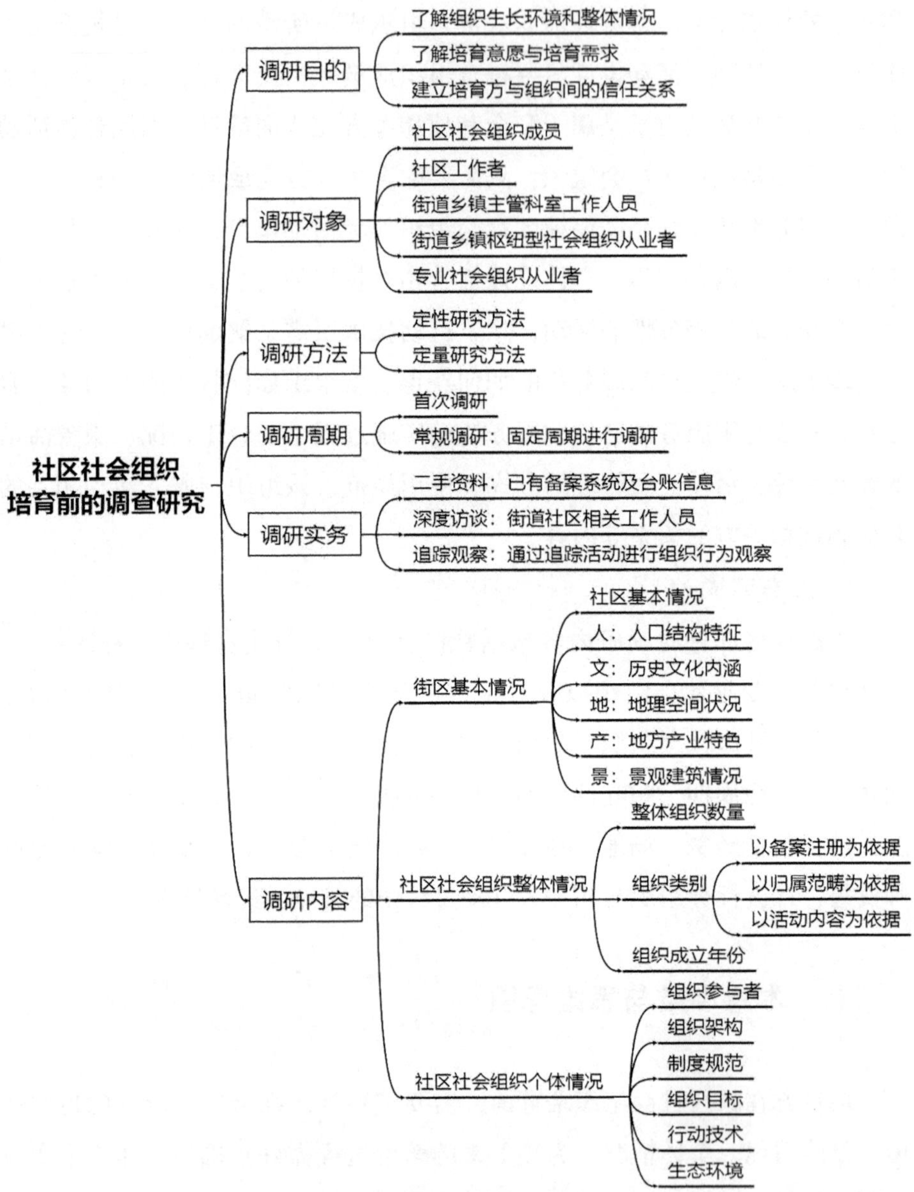

图 3-2　本章结构内容及思维导图

· 第四章 ·

社区社会组织培育中的培力赋能

通过对社区社会组织的调研，了解了其生长环境、区域内组织的整体情况以及每个社区社会组织的个体情况后，在组织自愿的前提下开展社区社会组织的培育工作。在培育组织的过程中，有两大组成部分，即培力赋能和陪伴助力，本章将详细阐述培力赋能的相关内容。根据社区社会组织发展的不同阶段（包括育种阶段、种子萌芽阶段、小苗阶段、成树阶段即小树及大树阶段）提供适宜其生长的培力赋能支撑体系，助力社区社会组织的成长发育。

一、培力赋能的体系概述

培力赋能的提供者为社区社会组织的培育方，而培力赋能的对象则是有意愿继续发展的社区社会组织。培力赋能体系中包括了为社区社会组织提供培力的原则、提高社区社会组织能力时采用的培力方式、开展培力的周期、培力的具体内容以及培力过程中的实务方法等内容。

（一）培力原则

培力原则包括自愿性、参与性、多元性、持续性。

1. 自愿性

在培力赋能的四大原则中，首先是基于社区社会组织的自愿性。社区社会组织在具有自我发展意愿的前提下，明确组织所需要的支持，会主动争取相应的资源和机会，培育方的培力赋能也会更具有针对性。例如，兴趣类组织需要服、化、道等支持，或是需要增加表演展示的机会；再如，便民服务队等服务类组织需要增加维修工具的种类，虽然不同类型的组织所面临的发展需求不同，但实现组织发展需求的前提均是组织自身具有发展的意愿，因此自愿性作为培力赋能的第一个原则。

2. 参与性

培力赋能的目的是通过一系列培训和实践的过程提高社区社会组织的能力，起到“授人以渔”的作用，因此培力赋能的第二个原则是社区社会组织的参与性。社区社会组织在发展过程中会有很多的需求，作为培育方而言，是培力和陪伴着组织慢慢成长的过程，因此需要社区社会组织学会知识和技能，发挥自身的能力解决组织遇到的问题。例如兴趣类组织需要服、化、道以及增加表演展示的机会，培育方需要做的是通过培力提高社区社会组织多元筹集外部资源的意识和能力，通过组织成员的合力共同寻找资源渠道，以获得组织所需要的服、化、道或演出机会；而非由培育方直接提供服、化、道资源或演出机会。再如便民服务队等服务类组织需要增加维修工具的种类，作为培育方需要提高组织的规范化运作能力和服务能力，组织在开展服务的过程中，逐渐被服务对象所认可，慢慢受到资源方（如社区两委或驻区单位）的关注，通过组织服务能力的提升从而争取到更多社会资源，以满足组织增加维修工具种类的需求；而非由培育方直接提供维修工具。这也是“授人以渔”与“授人以鱼”的区别，需要社区社会组织参与到自身能力提升的过程中，再通过发挥自身的能力获得组织所需。

3. 多元性

培力赋能通常是由不同的培训方式组合而成，包括了理论和实践等多方面内容的复合赋能体系，因此呈现出多元性的特征。例如培力赋能会因为培力方式和培力周期的不同，形成多种赋能形式，包括每年一次的培训、每月一次的培训、每周一次的培训，或是每年一次的工作坊、每月一次的工作坊、每周一次的工作坊，再或是每年一次的分享会、每月一次的分享会、每周一次的分享会等。

表 4-1 按培力方式及培力周期维度形成的培力赋能体系样表

培力方式/周期	每周	每半月	每月	每半年	每年
培训班（多天）	——	——	——	每半年的培训班	每年的培训班
工作坊（一天）	每周的工作坊	每半月的工作坊	每月的工作坊	每半年的工作坊	每年的工作坊
分享会（半天）	每周的分享会	每半月的分享会	每月的分享会	每半年的分享会	每年的分享会

再如，也可以根据培力过程及培力内容的维度形成相应的培力赋能体系，包括育种阶段的项目管理（如项目大赛）、萌芽阶段的项目管理（如创投项目）、小苗阶段的项目管理（如民生会）、成树阶段的项目管理（如协商平台），或是萌芽阶段的资源筹集、小苗阶段的资源筹集、成树阶段的资源筹集等。

表 4-2 按培力过程及培力内容维度形成的培力赋能体系样表

培力过程/内容	组织管理	项目管理	资金管理	资源筹集
种子萌芽阶段	种子萌芽阶段的组织管理赋能	种子萌芽阶段的项目管理赋能	种子萌芽阶段的资金管理赋能	——
育种阶段	育种阶段的组织管理赋能	育种阶段的项目管理赋能	育种阶段的资金管理赋能	育种阶段的资源筹集赋能
小苗阶段	小苗阶段的组织管理赋能	小苗阶段的项目管理赋能	小苗阶段的资金管理赋能	小苗阶段的资源筹集赋能
成树阶段	成树阶段的组织管理赋能	成树阶段的项目管理赋能	成树阶段的资金管理赋能	成树阶段的资源筹集赋能

4. 持续性

培力赋能如同育种成苗、育苗成树、育树成林的过程，需要一个漫长的过程，因此培力赋能的第四个原则是持续性。培育方除了在组织自愿的基础上，提供多元性的培力赋能以外，还需要长期坚持对组织的能力进行全方位的提升。由于社区社会组织能力的提升，除了有内容的差异外，还有组织所处的不同阶段的差异，即组织无法在短时间内提升所需的全部能力，生长到一定阶段会具备不同能力的需求。例如，兴趣类组织在成立初期只希望能够满足组织成员的技能需求；但到了组织的成长期会慢慢具有对外表演或参加比赛的需求，同时随着对外表演或比赛的开展，对于组织专业技能的需求又会进一步增加，专业技能增加后又会增加对外表演或比赛次数的需求；在组织的发展期还会增加被政府部门认可的需求，以及具有被更多社区居民所需要的需求。再如，服务类组织在成立初期只是具有互助服务的需求；在组织的成长期会出现扩大服务内容的需求；在组织的发展期又会出现扩大成员规模等需求。通过以上情况可以体现出组织在不同的发展阶段会有不同的需求，需求背后对应着培育方所应培力赋能的内容，以提升组织的能力。随着组织的能力越大，所担负的责任和期待也就越高，就会出现新的需求和能力提升的空间。

（二）培力方式

培力赋能的方式多样，在不同的应用场景通常包括讲授式、小组讨论、工作坊等形式。在社区社会组织培育过程中，常见的培力方式主要包括室内培训学习和室外参访交流，室内培训学习又包括长、中、短期的培训班，宣讲会或路演活动、集体或小组工作坊、一对一咨询等，室外参访交流包括本地参访和跨省市参访，以及短期参访交流和长期深度参访学习等方式。

（三）培力周期

根据组织的不同需求，社区社会组织培力赋能的周期也会有所差异。通常培力周期分为以年为单位、以半年为单位、以月为单位、以周为单位、以天为单位以及不定期的培力赋能等。

（四）培力内容

根据社区社会组织的需求，培力赋能的内容通常包括提升组织内部管理能力的组织管理系列培训；提高组织活动规范化运作的项目管理系列培训；合法合规编制组织活动预算以及规范组织资金使用的财务管理系列培训；增强组织对外筹集资源的能力和渠道的外部资源筹集系列培训；加强组织自身技术专业性的系列培训；以及社区社会组织相关的行业知识及政策法规的系列培训等。

（五）培力实务

根据社区社会组织的生发过程，会出现四个阶段的培力实务过程，包括形成组织初级形态的育种阶段、组织发展成为稳定形态的萌芽阶段、组织具有公共服务特征的小苗阶段、多组织间形成协商平台的成树阶段，每个阶段的培力赋能依然遵循四个培力原则，按照不同的培力周期和内容，采用适宜的培力方式。

对于社区社会组织的实务方法在 2017 年《关于大力培育发展社区社会组织的意见》中提到，需要强化社区社会组织的项目开发能力，通过社区服务项目交流会、公益创投、项目大赛等方式，提升社区社会组织的项目意识，提高发现需求、项目设计、项目运作的水平。基于此政策背景，笔者将培力实务过程的方法统称为“微公益创投”方式。

微公益创投方式是将经济领域中的“风险投资”或“创业投资”理念延伸到社会领域，即以公益的方式进行社区创业和资源分配，从而动员社区居民参与社区事务，培育社区社会组织，回应社区居民参与率不足、社区原子化以及社区“减负”等问题的系统实务方法。由于微公益创投方式不仅可以应用于社区社会组织培育，还可以用于解决其他社会问题，因此在采用微公益创投方式进行社区社会组织培育的过程中，首先需要明确其组织培育的目标。“创投”即为“创业投资”之意，投资人一般为政府部门、商业企业或基金会等。被投资人则是希望在社区中开展公共事务的各种组织类型，既可以是没有注册成为实体的草根组织，也可以是实体的社会组织或商业组织。“公益”具有三重含义：一是投资的产出收益为社会效益而非经济效益，二是被投资人需要具有公益精神，三是所开展的社区公共事务具有公益性质。“微”则代表“规模小、数量少”的特征，以及“从无到有”的过程。

以微公益创投方式培育社区社会组织并非一项短期的工作，而是需要坚持多年的长期性工作。微公益创投方式以项目制为抓手，在激活和发展初创期的社区社会组织的过程中具有明显的效果及作用。项目制本身只是一种方法，而非最终目的。对于社区社会组织能人而言，主要目的在于发现身边更多的社区能人，并鼓励引导大家共同完成或实现目标，使组织成员通过共同行动达成对组织的认同。与此同时，带动社区更多能人加入组织，壮大社区社会组织的规模，延续组织的发展。

以微公益创投方式培育社区社会组织包括社区公益项目大赛（育种及萌芽阶段）、社区民生议题会（小苗阶段）、社区社会组织协商平台（成树阶段）等系列实务方法，适用于社区社会组织发展的不同阶段。微公益创投过程中的培力赋能目的是提升社区社会组织的各方面能力，包括组织内部管理能力、组织项目运作能力、资金规范使用能力、组织对外宣传能力以及筹集外部资源能力等。

表 4-3　培力赋能体系一览表

组织发展阶段	育种阶段	萌芽阶段	小苗阶段	成树阶段
组织阶段特征	形成组织初级形态	发展成为稳定形态	具有公共服务特征	多组织间协商平台
培力实务方法（微公益创投）	项目大赛（设计阶段）	项目大赛（实施阶段）	社区民生议题会	社区组织协商平台
培力原则	自愿性、参与性、多元性、持续性			
培力周期	每年、每半年、每季度、每月、每半月、每天、不定期			
培力内容	组织管理、项目管理、财务管理、资源筹集、专业技术等			
培力方式	室内培训学习（长、中、短期的培训班，宣讲会或路演活动，集体或小组工作坊，一对一咨询）；室外参访交流			

以北京大栅栏地区的组织培育体系为例，根据组织发展的四大阶段，从 2015 年至 2019 年培力实务方法包括育种阶段的项目大赛、萌芽阶段的微创投、小苗阶段的民生会、成树阶段的协商平台，每个阶段所采用的具体方法包括每年举办的培训班、阶段性开展的宣讲会、每半月长期开展的

培力公坊、不定期进行的一对一咨询、阶段性开展的社区级协商平台辅导、组织的联合接访等，每一个具体方法都进行了量化统计，可以发现长期进行的一对一咨询以及培力公坊在实际培力中的需求量较大，其他培力方法仅仅是为了适应组织在某一阶段发展的需要而开展。例如宣讲会在组织形成之后开展频率有所下降，而联合接访需要在每个组织发展相对成熟之后才会开展，平台辅导是在组织发展相对成熟阶段才会逐渐出现。本章将对四种培力实务方法（包括项目大赛、微创投、民生会、协商平台）进行详细说明。

表 4–4　北京大栅栏地区组织培育体系详表

组织发展阶段	**时间**	**培力实务方法**	**培训班**	**宣讲会**	**培力公坊**	**一对一咨询**	**平台辅导**	**联合接访**
		1. 培力方式	讲授式	工作坊	分享式、参访交流	小组讨论		交流学习
		2. 培力内容	组织案例、项目设计、社区平台搭建	理念传递	组织管理、项目管理、财务管理、资源筹集、专业技术等			组织发展历程、协商合作
		3. 培力周期	每年	每周（阶段性）	每半月（长期）	不定期（长期）	每周（阶段性、仅 3 个社区）	每周（阶段性）
育种阶段	2015	项目大赛	挖掘地方文化特色的社区营造（4 天）	6	10	——	0	0
	2016		共同营造，创想家园（3 天）		0	94	0	0
萌芽阶段	2017	微创投	协力营造，共创家园（3 天）	0	18	181	0	0
小苗阶段	2018	民生会	共同营造有温度的社区家园（3 天）	0	25	277	13	11
成树阶段	2019	协商平台	联合行动，协商共治（2 天）	0	21	103	18	9
总计			**5 期年度培训班**	**6**	**74**	**655**	**31**	**20**

二、育种阶段的培力赋能：形成组织初级形态

（一）组织出现的关键要素

社区社会组织的出现通常具有四个关键要素，首先是社区能人和一个做事的想法出现，其次是社区能人通过亲朋、邻里、工作等关系找到自己的同行者，再次是拥有一个行动的契机，最后是持续的行动。

1. 社区能人

能人即指具有一定能力和才能的个人，按地域可分为社区内能人与社区外能人。我们会发现社区能人有可能是社区里的人，比如热心社区事务的居民；有可能是社区外的人，比如专业社会组织的从业者。除此以外，社区能人有可能是社区书记主任等社区工作者，或是已经退了休的领导干部，统称为“政治能人”，即现在或曾经在政府部门或社区管理机构工作的人物，能够实现对行政与经济的有效控制；也有可能是“社会能人”，即具有一定社会资源，能够利用自身的社会力量，帮助社区进行有效管理的人物，例如社区居民领袖等；也还有可能是“专业能人”，即在某一领域具有特长或优势的人物，能够将此专业应用于社区事务中，例如书法家、摄影家、舞蹈家等文化领域专业能人，或是职业律师、医师、会计师等领域的专业能人等；再有可能是具有经营头脑、具有经济实力，尤其在乡村社区或带领村民共同致富或为家乡进行投资的“经济能人”，即能够对社区的经济发展作出贡献的人物，例如地方企业家等。有些能人属于某一类型的能人，而有些能人会跨类型并具有多重身份。

2. 同行伙伴

往往在社区里个体的力量非常有限，因此在社区能人出现并具有一个做事的想法之后，往往会联系身边更多的社区能人，共同开展活动，例如进行文化体育健身娱乐，或社区环境美化，或邻里互助，或特殊群体帮扶

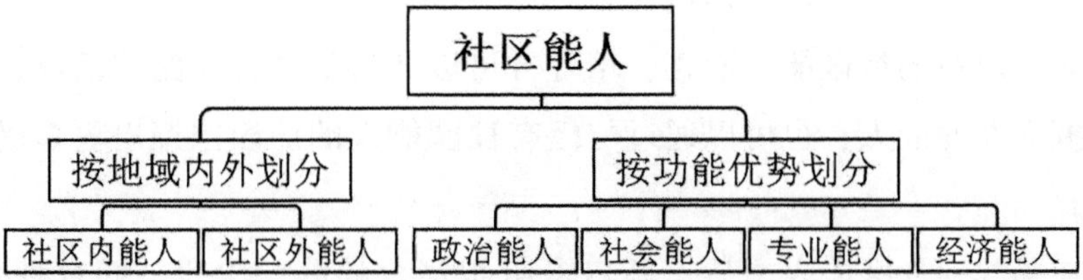

图 4-1　社区能人分类示意图

等社区事务。被社区能人动员起来的其他能人会从自身的兴趣或意愿出发，提出建议或意见，逐渐成为一个具有共同目标的小团体，出现组织的初级形态。

3. 行动契机

当多个社区能人有了共同行动的想法之后，需要一个行动的契机才能够得以实现。行动契机可以是一个关键时点，例如服务类组织往往选择在学雷锋日、重阳节等具有代表意义的重要节日之时进行启动；也可以是一个标志性事件，例如大部分组织都会有一个启动仪式或是成立大会代表新组织的诞生。

4. 持续行动

建立组织的目的是通过集体行动达成组织的目标、实现组织的使命，通常需要组织成员不断地行动，在行动的过程中组织将会不断地发展壮大。

（二）寻找社区能人的路径分析

既然组织出现的第一步是社区能人的出现，培育方在进行培力之前需要寻找到培育对象。社区能人一般会分为已经出现的能人和潜在的能人这两种情况。

对于已经出现的社区能人，培育方可以通过前期社区社会组织的调研了解到信息，例如通过社区社会组织备案系统或台账挖掘信息，或是通过街道社区相关人员的推荐得到信息，还可以通过观察社区社会组织的活动等方式，与社区能人建立信任关系。

对于潜在的社区能人而言，培育方可以通过举办各类路演活动，观察和挖掘潜在的能人，也可以通过与已有社区能人的访谈挖掘出更多潜在的能人。

在寻找到社区能人之后，开启了组织培育的第一阶段，即育种阶段，通过社区公益宣讲会建立与社区能人的工作关系，并鼓励社区能人说出自己希望做的事情；通过社区公益培训班，集中利用3~5天的时间，为有意愿在社区做事的社区能人们提供互动交流的机会和平台，从案例分享到项目设计辅导，鼓励社区能人们将自己的想法逐步形成计划方案；最后通过社区公益项目大赛，优化项目设计方案、规范项目预算编制、形成社区社会组织内部成员间的协作规则，为实现一个社区社会组织发展的阶段性目标而开展实际的行动。通过以上一系列培力方法逐步实现从社区能人发展成为社区社会组织初级形态的过程。

（三）社区公益宣讲会

1. 社区公益宣讲会的作用

社区公益宣讲会是在前期通过调研和访谈等过程寻找到社区能人之后，通过采用宣讲等形式，进行培育理念的说明和经典案例的分享，使用社区能人可以接受的话语体系、贴近社区能人的行动案例，鼓励社区能人说出自己希望在社区做的事情。在此过程中，不需要限定社区能人所做事情的具体内容，可以是社区能人喜闻乐见的唱歌跳舞等文娱活动，也可以是为特殊群体开展的服务活动，还可以是育儿经验分享等邻里活动。其主要目的是希望社区能人能够具有“我主张、我负责”的意识。例如社区能人不仅是想法的提出者，还需要进一步思考社区能人自己可以为这个想法发挥哪些实际的作用，鼓励有热情、有想法、有行动力的社区能人凝聚社区里更多的能人，根据共同的兴趣爱好和实际需求开展社区活动。

2. 社区公益宣讲会的实务方法

社区公益宣讲会的内容可以包括培育理念宣导、案例分享以及后续工作介绍等部分。

（1）理念宣导。

培育社区社会组织的过程实际是为社区社会组织提供助力和支持的过程，除了了解和倾听社区社会组织的需求外，还需要通过一系列的实务方法帮助社区社会组织实现“动议”。通过社区公益宣讲会鼓励社区能人不仅是社区问题的发现者，还可以成为社区问题的解决者；不仅能够发现社区里相对模糊的宏观问题，还能够切实发现社区里的微观问题；不仅是一个社区能人的想法，而是通过行动逐渐成为“大家”的共识。

如果社区能人有了改善自己或社区生活的想法，而这个想法恰好也是其他几位社区能人的想法和希望，通过社区公益宣讲会鼓励有想法的社区能人寻找到与自己同行的伙伴。这些有共同想法的社区能人可以凝聚在一起，以自身力所能及的力量开展实际行动。而培育方的作用是在社区能人开展行动的过程中为其提供助力和支持，社区能人并不孤单，如果有想法和行动，就会有其他力量为其照亮前行的道路。

（2）经典案例分享。

仅仅有理念宣导还是相对空泛，需要通过视频或图片等方式，分享贴近社区能人的经典案例，起到启发和示范的作用。例如，《古川町物语》中讲述了日本古川町地区的居民通过共同努力将脏乱的下水道变为锦鲤生态池的故事。再如，《看这个把青蛙当老板的地方》中讲述的台湾南投县埔里镇的桃米村民自发保护“共有财”生态环境的故事等。同时还可以通过不同类型的案例进行分享，例如文化传承、公共空间改造、社区互助养老、社区地图绘制等。通过分享贴近社区能人实际生活的案例启发大家在社区里可以采用不同的方式去做想做的事情，且不只是一个人在做，而是共同做一件大家都想做的事情。

除了分享经典的案例外，建议留出一些时间给参与社区公益宣讲会的能人们，讲述自己已经在做的事情或希望做的事情，是否发现身边具有与自己兴趣相同或有共同需求的行动者，是否愿意与更多的社区能人一起自主开展活动等。由于社区公益宣讲会的时间有限，建议时长控制在1~1.5

小时，以不过多占用社区能人时间为原则，因此可以留下有想法的社区能人的联系方式以进行更深入的交流。

（3）后续工作说明。

由于社区公益宣讲会只是第一阶段培力的一种方法，因此会有接续社区公益宣讲会的工作展开，例如社区公益培训班以及社区公益项目大赛，并在宣讲会上可以向有行动意愿的社区能人说明后续参与的途径，同时建立培育方与社区能人之间的工作关系。

（四）社区公益培训班

1. 社区公益培训班的作用

社区公益培训班是在社区公益宣讲会的基础上，为有意愿自主开展社区活动的社区社会组织成员提供培力赋能的机会，更细致地进行组织理论的学习，将邀请经典案例的实践者进行深度分享，同时以工作坊的方式形成社区社会组织的行动方案，并搭建社区社会组织与社区两委、街道（乡镇）、相关驻区单位等相关方的互动平台。社区公益培训班也是每个培力阶段都适用的一种培力方法，但在不同阶段具有不同的内容和设计理念。例如在第一阶段育种时期，目的在于传递理念和经典案例，以及引导社区社会组织掌握规范化开展组织活动的方法；第二阶段萌芽时期，目的在于为社区社会组织内部管理进行培力赋能，实现社区社会组织稳定发展的目标；第三阶段小苗时期，社区公益培训班则发挥着引导社区社会组织关注社区公共事务和特殊人群的作用；第四阶段成树阶段，则起到组织间协商合作的作用。

2. 社区公益培训班的实务方法

社区公益培训班相较于社区公益宣讲会而言，将会具有更丰满的内容，也会经历更长的培训期，通常每个培训班的时长为连续的3~5天，举办社区公益培训班的周期建议为一年左右。由于消化吸收培训班的各方面内容需要一定时间，且属于在组织的某一个成长阶段发挥作用的一个方法，因此举办培训班的频率不建议太过密集。

社区公益培训班的规模可以控制在 50 人以内，可以邀请街道（乡镇）或社区的工作人员、驻区单位伙伴、社会组织从业者以及高校师生等不同身份的群体共同参加。参与者除了以自愿参加为前提外，还需要遵守培训班的考勤制度，由于培训班均是经过精心设计和统筹安排的，因此全程参加培训班的课程才会保证学习的效果。

培训班的内容设计可以采用"讲授+互动+讨论+分享+参访……"等各种形式，目的是能够让参与者真正具有参与感，而非来听"大课"当"课托"，坚持培力赋能的"自愿性""参与性""多元性""持续性"等原则。除了白天的授课、分享等课程的设计外，还可以利用晚上的时间，进行"小组督导+讨论""读书会""电影赏析"等内容，将 3~5 天的培训时间充分利用，尽可能在这些环节以及参与者的互动交流中碰撞出更多的火花。

对于社区公益培训班来说，仪式感也是不可缺少的，设计一些让参与者更有参与感的环节。例如，邀请知名专家或地区领导鼓励和支持的"开班仪式"，用掌声给自己和伙伴加油的"爱的鼓励"，每天开课前的"课程期待"与结课时的"课程回顾"，培训班结束时颁发给参与者的"结业证书"，以及合影中集思广益共创出来的"团队口号"和"拍照手势"，等等。在此过程中，可以让社区社会组织成员感受到集体的氛围，并且通过示范效应，鼓励组织成员在后期的组织自主运营中应用培训班的工作方法和小技巧。

在培力过程中，会出现参与者的时间难以协调的情况，或参与者难以全程参加培训班的情况，仿佛参与者的时间问题是阻碍培训班开展的一道屏障。此时需要把握举办培训班的原因、技巧与方法：

首先，设计连续 3~5 天培训班的目标是希望形成当地各相关方的整体氛围，大家都可以具有相同或相似的理念，共同学习的过程也是共识慢慢达成的过程。这种效果是间断或单次培训难以达到的。

其次，培育方在开展连续性社区公益培训班之前，需要进行一系列的预热环节。例如在前期与社区能人进行访谈时可以为培训班做宣传，在举办宣讲会的时候可以为培训班做铺垫，在培训班之后设计社区公益项目大赛等环节。同时也可以设计一些奖励机制，例如参与培训班并获得结业证书将作为参与下一阶段社区公益项目大赛的“通行卡”，可以直接通过社区公益项目大赛初赛并进入复赛；对于在培训班过程中表现突出并取得“优秀组织证书”的社区社会组织则将拿到项目大赛的“直通卡”，即可以直接通过项目大赛的初赛和复赛并进入决赛阶段。

最后，社区公益培训班举办的前提是社区社会组织或社区能人的需要，而非培育方的“一厢情愿”，更不是为了完成某个项目或某项任务。因此在社区公益培训班举办之前需要培育方与社区社会组织及社区能人充分进行沟通，在确认有需求之后再进入设计阶段。同时也需要考虑当地社区或街道（乡镇）是否具有举办一定规模培训班的条件，例如是否有换届选举或各类普查等重大工作，是否有场地，是否有充足的资金，是否有防疫政策的要求，等等。

（五）社区公益项目大赛（设计阶段）

1. 社区公益项目大赛的作用

社区公益项目大赛（以下简称“项目大赛”）是鼓励社区社会组织自主行动最为直接的实务方法，通过比赛的激励作用，可以促进社区社会组织将想法细化为方案，思考在行动过程中所需要的人员、场地、资金等要素，是一个将想法转变为实际行动的过程。

项目大赛也是前期社区公益宣讲会和社区公益培训班的后续培力方法，促进社区社会组织形成初级的组织形态，并且鼓励其思考组织活动的目标：如何能够发挥活动的作用或实现活动的目标，如何能够更加有效地开展活动，等等。

通过项目大赛也进一步增进地区间社区社会组织对彼此的了解，除了能够接触到本社区的社区社会组织，还能够看到其他社区的组织都在开展哪些活动，其他组织是如何操作的，是否有与本组织同类型的组织，是否有可以借鉴和分享交流的经验，等等。同时通过项目大赛也能够促进地区内的资源共享，例如活动场地的资源和信息、师资信息、支持活动的资金渠道和来源等。通过组织间熟悉度的增加和资源信息的共享，搭建组织间的交流互动、互相学习的平台。

2. 社区公益项目大赛（设计阶段）的实务方法

培育方在举办项目大赛时依然需要遵循培力原则，鼓励社区社会组织自愿参与大赛，并且是在社区社会组织能力范围内进行自主设计和实施的，尽量避免社区社会组织被动参赛的现象。同时对于有能力的社区社会组织而言，可以尝试开展一个以上项目的设计，但对于仍处于初期的组织建议从一个项目入手。避免为了项目而项目，或为了获得资金而参赛，把握项目大赛的初衷是助力和支持社区社会组织的发展，尽量避免投机现象的出现。

项目大赛的参与者为已经拥有至少三位组织成员的社区社会组织，然而还会出现三种情况需要进行引导：第一，对于社区能人个人而言，尽量在前期宣讲会以及培训班的时候，鼓励其寻找到志同道合的伙伴再来参加项目大赛；第二，对于驻区单位的员工而言，鼓励其形成相对稳定的组织形态再来参加，例如可以是驻区单位里几位有想法、有时间、有意愿在社区开展活动的工作人员组成，但往往不会是驻区单位全体成员都会参与，组织名称也可以与原驻区单位名称不同；第三，对于外来专业社会组织而言，不建议参加此类项目大赛，由于外来专业社会组织已经具有相对独立的身份以及专业能力，因此可以作为街道（乡镇）或社区的政府采购对象。

对于培育方在进行培力赋能的时候，也要把握自愿原则，所设计的项目是社区社会组织希望开展的，而非培育方所理想的设计，需要给予社区社会组织足够的自主空间，即使项目设计得再简单、再普通，也是社区社会组织自己的意愿，培育方需要把握好培力赋能的程度，把握好与组织之间的关系。通常情况下，培育方的原则是引导性的“授人以渔”，而非教导式或直接给予答案的“授人以鱼”。因此，培育方对于社区社会组织培育理念和原则的把握，将是项目大赛是否有效的关键因素。

项目大赛的周期通常为半年以上，根据当地社区社会组织的发展情况，可以每年举办一次。项目大赛的资金来源为多元渠道，既可以是政府资金，例如以政府购买服务的方式进行项目大赛的资金支持；也可以是社会资金，例如基金会的资助资金；还可以是商业资金，例如房地产开发商等企业在参与社区建设时的资金投入。项目大赛的赛制设置既可以接续社区公益培训班，也可以独立进行。项目大赛共分为招募阶段、预赛阶段和决赛阶段三个阶段。

（1）招募阶段。招募阶段分为三个步骤，社区书记主任走访、项目大赛启动会（说明会）与预报名、项目申请及组织培力辅导。

第一，社区书记主任走访。无论项目大赛资金来源是哪种渠道，由于社区社会组织是受社区党委的领导和社区居委会的指导，因此培育方在大赛启动之前，除了做好社区基本情况调研以外，还需要对社区书记主任进行项目大赛的说明。例如项目大赛举办的原因、方式、周期、预期效果等，是培育方与社区书记主任达成共识的重要一环。同时可以携带项目大赛的宣传海报及物资，预约后期项目大赛说明会的社区活动场地。

在此过程中，培育方与社区书记主任在培育理念上也可以进一步深入沟通。例如项目大赛的参赛主体是社区社会组织，但社区两委与培育方的配合却是项目大赛能够成功的关键因素。社区两委在项目大赛的过程中扮演支持者、资源协调者以及监督者的角色，培育方扮演的是统筹和推进大赛的实施、为社区社会组织培力赋能的角色。社区社会组织在项目大赛过程中将作为独立主体进行社区公益项目的设计和方案撰写，期间可能需要社区两委提供精神支持和场地协调。经历了项目大赛之后，社区社会组织会具有思考社区公益活动设计的意识和能力，未来可以助力社区文体、教育、特殊群体服务等活动的开展。通过项目大赛的实施，提高社区社会组织自主进行活动设计和活动资金预算编制的能力，自主参与到社区公益活动当中。

第二，项目大赛启动会（说明会）与预报名。项目大赛的启动会和说明会在街道（乡镇）和社区分别进行，通常在街道（乡镇）级别举办的称为“项目大赛的启动会”，主要面向街道科室工作人员、社区工作者、驻区单位、外部社会组织等群体，主要内容是介绍项目大赛的作用、周期、流程以及参与方式等，场次根据街道（乡镇）的需要而设定，时长根据街道（乡镇）整体工作的安排而设计，主要目的是扩大项目大赛的宣传力度，未来社区社会组织将会在街道（乡镇）各社区开展丰富多样的公益活动，争取获得更多的支持力量。

在每个社区举办的通常称为“项目大赛的说明会”，主要面向前期调研和访谈过的社区社会组织，以及感兴趣的社区居民和驻区单位的员工。根据社区情况和项目周期安排说明会的场地，可以举办若干场，也可以只举办一场。说明会的时长建议不超过1个小时，介绍清楚项目大赛的目的、流程、周期、能够获得的支持、需要做的事情、下一步的计划以及工作人员联系方式即可。提前准备好报名参赛的工具表单，现场发放给感兴趣的组织和能人。在前期与社区书记主任沟通项目大赛的时候，建议提前预约社区的场地，以免场地资源有限而延误说明会的举办。

在每个社区的项目大赛说明会，可以与社区公益宣讲会合并举办，也可以独立开展，根据培育方调研情况以及培育体系内容设计而定。

第三，项目申请及组织培力辅导。在项目大赛启动会（说明会）之后，将会有感兴趣的社区社会组织进行咨询和辅导。培育方的团队需要有一个固定的培力空间进行线下咨询和培力辅导，同时还需要及时进行电话、邮件或微信等线上形式的答疑和时间预约。培力辅导的主要内容包括社区公益项目设计方案和活动资金预算编制两部分内容，将在工具表单部分详细介绍。

项目申请阶段的培力辅导是项目大赛中最为重要的一个部分，也是培育社区社会组织的关键环节。社区社会组织成员往往善于做事，但不善于进行文字撰写，而未来社区社会组织发展的必备技能，即能够规范化地做事情，不论在组织内部还是对外部出资方，都需要具备项目方案设计和撰写的能力，因此在项目申请阶段的培力辅导将提升社区社会组织项目设计和方案撰写的能力。

作为从理想到现实过程的第一步，培育方与社区社会组织的助力关系也会逐渐建立起来，也是在前期调研的信任关系和宣讲会的工作关系之上建立的重要关系。具体而言，助力关系的建立，类似“授人以渔”的过程，既要做好培育方培力辅导的工作，使社区社会组织具有组织运营能力、掌握组织发展过程所需要的知识和方法，又需要避免培育方对于社区社会组织的过度干预，导致组织依赖于培育方，出现与组织培育背道而驰的局面。例如，社区能人通常对于项目设计和方案撰写没有太多经验，有些能人甚至从未接触过项目管理，此时需要培育方与社区社会组织进行一对一的培力辅导。有时年纪稍长的组织成员会对书面文字撰写有畏难情绪，培育方需要将项目设计方案用组织成员可以听懂的话语体系进行讲解，同时配合生动案例，在组织成员理解内容后，引导其将此思维方法应用到自己组织的活动中，用“举一反三”的方法启发组织成员将自主活动的想法用文字的方式记录出来。

在引导的过程中，需要培育方具有耐心，对于组织成员难以理解的部分，用不同的方式解释清楚，例如采用“反复”“案例示范”“问答”等方式。同时在培力辅导中需要给组织成员思考的时间，关注其面部表情和信息反馈，时刻“鼓励”组织成员的每一个进步之处。培育方在培力辅导过程中需要避免出现代替组织成员做决定的现象，也需要避免组织成员的“拿来主义”现象，需要引导组织成员进行独立思考和自主表达。项目设计其实就是把自己的想法说出来并记录下来，即使再简单、再直白、再朴素也是属于组织自己的成果。培育方的建议只是一个参考，需要组织成员理解方案内容后，通过成员间的共同讨论达成共识，最终形成组织的行动方案与计划。

由于项目大赛的参与者即社区社会组织的成员将会包括各个年龄层，对于组织负责人和核心团队出现参与者年龄偏大的情况，培育方需要适当调整项目申请方案的撰写形式。既可以使用电子版本或网上报名系统，也要能够保留纸质版本，便于老年群体的参与。

通常在项目申请阶段培力辅导的工作量会相对较大，培育方需要预留充分的培力时间，配备充足的培育者。一般情况下，一个社区社会组织将会经历 2~3 次的培力辅导过程才会形成一份完整的项目方案，包括从活动设计到预算编制，需要培育方做好充分的准备工作。

（2）预赛阶段。预赛阶段分为两个步骤：项目优化和路演排演的培力辅导。

第一，项目优化及培力辅导。项目申请阶段结束后，培育方可以将项目设计方案匿名发给来自组织领域、项目领域、财务领域等专家进行审核，由各领域专家给出修改建议。例如根据项目目标的明确性、可实施性、可持续性、预算编制的合理性等维度进行评估，同时可以给出该项目的建议方向。培育方根据专家建议进行项目优化辅导，可采用会议的形式，将建议统一进行反馈，由社区社会组织自主修改；也可以采用一对一辅导的方式，跟社区社会组织说明专家所建议的内容。社区社会组织根据各领域专家的建议经过组织内部讨论后进行修改，如果集体认为专家建议合理，可以进行优化；如果坚持原来的想法，也可以保持不变。培育方在此阶段需要将专家建议以社区社会组织听得懂的话语体系进行解释说明，同时还需要解释此建议背后的相关背景知识。例如在项目目标明确性方面，需要引导社区社会组织将项目目标尽可能清晰、明确地表达出来，可以使用一些量化指标，便于衡量，也便于实际操作。

第二，路演排演及培力辅导。培育方在项目优化结束之后，进入汇报路演辅导的阶段。由于项目大赛决赛时会有社区社会组织汇报项目设计方案的环节，但有些组织负责人或组织成员善于做事却不善于表达，因此路演排演培力辅导则是提升社区社会组织将想做和所做的事情，用清晰的逻辑、平实的语言表达出来。

培育方需要将路演的规则跟社区社会组织成员说明，例如每个组织的汇报顺序如何决定、汇报时长以及汇报的要点内容。同时可以鼓励组织成员制作演示文稿配合现场讲述，也可以利用自制手绘图纸或照片、实物等方式进行展示。对于青少年和老年群体而言，培育方需要把握自愿性的原则，避免强制某一种形式的展示方式，而是需要将决定权交给组织，选择适宜于组织成员的方式进行展示。同时也要避免社区社会组织依赖培育方，避免出现委托培育方制作演示文稿等情况，培育方需要向组织成员清晰解释自己的工作范围以及原因，如果是“代劳”则会失去培育的作用。

在路演的过程中，组织成员只要清晰说明项目设计的背景、目标、内容、预算等情况即可，汇报形式、汇报时间的分配以及汇报人可以自主决定。而汇报人可以是多位组织成员，每位成员介绍一部分内容，也可以由一位成员做主要介绍，其他成员做补充。

路演排演的辅导与项目申请和项目优化的辅导一样，依据组织自愿原则，培育方不强制组织参加任何一个环节的辅导，组织在有需要的情况下参加即可。培育方在此过程中，需要详细记录每一个组织的辅导情况，便于观察组织成长和发展的过程，对于组织的个性化问题及时给予反馈，对于组织的共性问题可以在辅导的过程中思考问题出现的原因，以备后期为更多的组织培力赋能和答疑解惑。

在招募阶段和初赛阶段的培力辅导过程中，培育方将会尽最大可能保护参赛组织的积极性，鼓励其进入下一阶段，不会设置被动淘汰机制。但由于社区社会组织参赛初心的差异，有一部分社区社会组织会因为各种原因，选择自动退出比赛，依据培力赋能的自愿性原则，培育方须尊重组织意愿避免强求。

（3）决赛阶段。决赛阶段作为项目大赛的最后环节，主要作用是展示和总结，包括决赛展示和大赛总结两个部分。

第一，决赛展示环节。经过前期的培力辅导，社区社会组织从会做事，到会写方案，最后是锻炼组织的表达能力。决赛过程最重要的是将展示的舞台留给参赛的组织和汇报的能人，同时邀请来自不同领域的专家，例如政府部门、学术单位、实务机构、商业企业的专业代表，对社区社会组织的项目设计方案给予优化建议。

决赛对于不同参与群体而言，会具有不同的作用。首先，对于社区社会组织而言，一是展示近几个月来打磨而成的项目设计方案，尤其是对于汇报的组织成员，有些能人也许从来没有这种演讲的机会，决赛的分享过程为组织成员提供了充分的展示机会；二是可以在半天或一天的时间内看到若干个组织的设计及汇报，既能够相互学习，也可以寻找到同行者，使社区社会组织充分感受到有伴同行的氛围；三是通过各领域专业人士的点评，开阔视野和思路。其次，对于政府部门而言，是社区治理的成果和产出。再次，对于驻区单位和社会组织而言，既可以寻找到在社区的合作伙伴，也可以通过捐赠等方式进一步助力组织发展。最后，对于学术单位来说，组织和能人是最为鲜活的研究对象。

决赛通常根据组织数量而设计时长，一般为 0.5~1 天，每个组织的分享时长通常为 4~7 分钟，各领域专业代表交流时长通常为 5~10 分钟。会议内容及具体环节可以灵活设置，通常包括项目大赛情况简介、决赛赛制及会议安排、专业代表致辞鼓励参赛组织、组织分享环节、专业代表点评、专业代表总结发言、集体合影等环节。组织汇报分享的顺序通常采用抽签方式以保障公平性，决赛评估机制将在后续章节重点说明。为了实现培育组织的目标，与政府购买服务项目不同，社区公益项目大赛建议设置不同类型的奖项，而非仅仅是名次或排名，避免打击组织的积极性，例如同时设置最佳方案设计、最佳展示分享、最佳预算编制、最佳组织共创等奖项。

决赛除了采用现场分享和互动外，还可以采用直播方式进行云平台的共享，让更多本社区和外社区居民都能了解社区社会组织的行动方案。

第二，项目大赛总结环节。项目大赛总结会主要面向参赛组织，也可以开放给感兴趣的社区能人和未参赛的组织。在决赛展示分享之后，培育方需要将现场观察和专业代表的建议进行总结，在总结会时反馈给社区社会组织，以便更好地对项目方案进行二次优化。同时也通过总结会倾听社区社会组织参与项目大赛的感受，了解其收获和困惑，为下一阶段的培力赋能奠定基础，也为后期的组织培育过程积累经验。除了总结会集体会议外，培育方还可以与有想法的组织进行一对一交流，能够更为细致地了解组织的想法和需求。

3. 社区公益项目大赛设计阶段的工具包及使用方法

在开展项目大赛的培力辅导过程中，需要使用一些表单工具，包括项目方案计划书、社区社会组织成员信息表、资金预算表等。这些工具表单既可以制作成小程序或App，也可以直接使用纸质版，便于各类群体使用。除了表单工具外，还需要说明性的材料，包括宣传海报和资金预算编制规范等。

项目大赛的宣传海报也是对大赛整体过程的具体说明，通常宣传海报上包括了项目大赛的招募对象、申报范围、大赛流程，参与大赛后可以获得的支持、培力辅导的联系人和地点等内容。

活动方案计划书（包含组织成员信息表和资金预算表两个附表）是社区社会组织在开展活动前集体商议而成，以保障组织活动的顺利开展，也有助于社区社会组织规范化地开展社区公益活动。活动方案计划书主要包括四部分内容，分别是项目活动的基本信息、社区社会组织基本情况、项目活动情况以及活动资金的使用管理四部分（详见图 4-2）。

社区公益项目大赛
项目方案计划书

第一部分　基本申报信息

一、社区社会组织及所在社区名称：

二、项目活动名称：

三、计划实施周期：

四、计划实施地点：

五、计划申报资金（元）：

第二部分　社区社会组织基本情况

一、社区社会组织成员情况表

社区社会组织成员共________人，其中核心成员共________人。

组织核心成员职务	核心成员姓名	特长	职务具体描述	组织外的其他身份及职务
组织负责人				
资金及票据管理				
如：物资保管专员				
如：组织宣传专员				
（自行添加组织成员及职务）				
（自行添加组织成员及职务）				

注：全体社区社会组织全体成员名单（详见附表一）

二、社区社会组织简介（包括成立时间及背景，组织性质、理念及愿景，过往项目经验及所获奖项）

第三部分　社区公益项目活动情况

一、社区公益项目活动背景（针对哪类社区问题或满足哪个群体的何种需求）

二、社区公益项目活动目标及预期成效

三、社区公益项目活动受益群体预估（受益群体具体特征，受益人次及受益人数）

四、社区公益项目活动计划

（一）筹备阶段

1. 系列活动 1：包括活动名称、时间、地点、内容、参与对象特征及人数

2. 系列活动 2：包括活动名称、时间、地点、内容、参与对象特征及人数

（二）实施阶段

1. 系列活动 1：包括活动名称、时间、地点、内容、参与对象特征及人数

图 4-2　社区公益项目大赛方案计划书样图

2. 系列活动 2：包括活动名称、时间、地点、内容、参与对象特征及人数

3. 系列活动 3：包括活动名称、时间、地点、内容、参与对象特征及人数

（三）总结阶段

1. 系列活动 1：包括活动名称、时间、地点、内容、参与对象特征及人数

五、项目活动风险分析及应急预案

六、可筹集或可利用外部资源

第四部分　活动资金使用及管理

一、项目资金账户信息（仅用于项目资金收支的使用及管理）

开户人姓名	
开户人身份证号	
开户人联系电话	
银行账号	
开户行名称（具体到支行）	

二、资金预算表（详见附表二）

附表一：社区社会组织成员信息表
（注：人员数量与前文一致，含组织核心成员）

序号	姓名	性别	出生年月	居住社区	政治面貌	联系电话
1						
2						
3						
4						
5						
6						
7						
8						
9						
10						
11						
12						
13						
14						
15						

附表二：

社区公益项目大赛资金预算表

社区社会组织名称：		计划申报资金（元）：		
项目活动名称：		计划实施周期：		
活动名称	活动所需	单价（元）	数量	金额小计（元）
（例）实施阶段 踢毽子比赛	毽子	5 元/个	20 个	100.00
	裁判补贴	200 元/人/场	2 场 2 人	800.00
	误餐及交通补贴	50 元/人	2 人	100.00
筹备阶段：系列活动 1				
筹备阶段：系列活动 2				
实施阶段：系列活动 1				
实施阶段：系列活动 2				
实施阶段：系列活动 3				
总结阶段：系列活动 1				
合计				-

续图 4-2　社区公益项目大赛方案计划书样图

填写项目方案计划书对于社区社会组织而言，只需要将其所想变为书面文字即可，也是帮助社区社会组织思考和梳理活动的目标、周期、实施团队、具体实施方案以及预算规划。对于尚未接触过项目方案的社区社会组织成员而言，需要培育方耐心细致地讲解计划书的逻辑，每一项表单内容设计的目的，对于即将实施的活动起到的作用。有时社区社会组织成员，尤其是年纪较大的成员，对于书写或制订方案具有畏难情绪，需要培育方在培力辅导过程中鼓励和引导，提升社区社会组织自主且规范化地开展社区活动的能力。

项目方案计划书中有一些重点内容需要澄清：

（1）组织名称与项目名称的区别。

在培力辅导过程中，通常会出现社区社会组织对于组织名称与活动名称混淆的情况，主要缘于组织还未形成相对稳定的组织形态，暂时会将所开展的活动名称与组织名称混用。培育方需要引导社区社会组织明确组织与活动的区别，组织是开展活动的主体，活动是组织发展过程中不可或缺的元素。活动可以是一次性的，也可以是持续性的，但组织往往是需要长期发展的。社区社会组织的名称通常是××队、××团、××会，例如“社区舞蹈队”“社区艺术团”“社区摄影协会”等，而活动通常因其特色内容或美好预期而得名，例如“讲述胡同里的故事”“助老我先行”等。

对于组织和活动的命名依然需要坚持自愿性、参与性的原则，避免培育方出现“代劳”或“被依赖”的现象。名称作为一种符号，凡是由社区社会组织自己命名的，不论是组织名称还是活动名称，即使没有“高大上”，即使是朴素无华，也会彰显出特色得以形成品牌。同时将命名权交给社区社会组织能人后，还会激发其想象力和创造力。

（2）项目与活动的区别。

项目是指在一定时间、成本和绩效约束下完成的活动（哈罗德·科兹纳，2014），在完成项目的工作中需要满足几个要素，包括在一定时间期限内、一定的预算成本内、适当的性能和规格下、得到客户或使用者的认可、尽量减少范围变化或者在范围变化上达成共识、不影响组织的主要工作流程以及不改变组织文化。应用到社区场景，社区公益项目除了具备以上要素特征外，更重要的是实现社会效应，例如在实施项目的过程中助力社区社会组织的成长、社区公益项目为社区居民带来了某些变化或影响等。而对于社区社会组织而言，社区公益项目最重要的几个要素分别是项目目标（为什么）、执行团队（谁来做）、项目周期（什么时间做）、项目计划（怎么做）、项目资金（活动成本）等。

项目与活动的区别和联系主要表现为四方面，分别是形式、规模、作用以及逻辑关系。

第一，从形式上来看，项目更具有抽象性，属于逻辑关系的集合体。例如项目设计会经历从想法到行动，从行动设计到形成项目方案，最后还需要将行动过程进行总结形成报告的过程。而活动则更为具体化，属于人的行为的集合体，例如单次培训、联谊活动、单次沙龙活动等。但活动的实施往往是实现项目目标的基础，项目也是由若干个活动集合而成。

第二，从规模上来看，项目通常涉及整体的策划、实施、管理以及评估等各方面，但活动更多是临时性的或单次的，时间跨度和实施周期均较短。但项目的每个分目标却能够指导每个活动的策划与实施。

第三，从作用上来看，项目将留下一种模式、一套经验和一个产出成果，而活动更多是为了聚集人气。但每次活动所产生的效果却可以通过量变到质变的作用实现项目的效果。

第四，从逻辑关系上来看，项目需要符合组织发展战略和项目的总目标设置，而活动只需要符合项目的分目标即可，活动与活动之间不重复但具有相关性。对于项目而言，各项活动既可以呈现出并列关系，又可以呈现出因果关系，均会为实现项目目标起到合力作用。

表 4-5　社区公益项目与活动的区别和联系

异同点	区别		联系
	活动	项目	
形式	具体，人的行为的集合，如单次培训、联谊、单次沙龙	抽象，逻辑关系的集合；如构思—行动方案—项目方案—报告	活动的实施是实现项目目标的基础
规模	临时的、单次的、时间跨度较短	整体项目的策划、实施、管理、评估等	项目分目标指导活动的整体策划与实施过程
作用	聚人气	留下项目模式、经验及产出	活动产生的效果量变达到项目效果的质变
逻辑关系	符合项目分目标，活动之间不相重复但相关	符合组织发展战略和项目总目标	各项活动或为并列关系，对实现项目目标形成合力；或互为因果和前提，环环相扣

（3）组织简介与成员信息。

组织简介是组织进行备案登记和注册登记的关键资料，同时对于项目申请也具有重要的参考作用。组织简介一般包括组织成立的时间和背景，组织目前的状态，是否注册或备案，以及组织的性质、理念、价值观和愿景。由于是项目申请，因此再加上过往项目经验以及所获奖项的情况，更能够说明组织设计此项目方案的原因。对于尚未有过项目经验的社区社会组织来说，培育方的引导将为组织后期的备案或登记等工作做好基础工作。

社区社会组织成员信息表类似组织内部的通讯录，是组织成员之间联系和互动的重要资料。通过组织内部通讯录可以快速便捷地联系到每位组织成员，也能够使新成员更快速地熟悉组织成员的情况。

（4）组织成员的分工与职责。

对于初创期的社区社会组织，通常难以具有组织管理的意识。当需要一起行动的时候，需要成员之间能够彼此达成共识，同时具有协作能力，共同推进活动顺利开展。组织所开展的活动往往需要依靠成员集体的行动，而非一个人可以完成所有事情，因此培育方需要引导社区社会组织成员之间具有分工协作的意识，同时每个核心成员具有相对明确的角色分工和职责范围。

培育方可以举例说明组织在开展活动过程中可能遇到的事情，例如项目方案计划书的撰写工作，谁来组织大家讨论、谁来出谋划策、谁来执笔撰写或系统录入，都需要组织成员的共同协作。再如举办活动时，谁来进行招募、谁来采买物资、谁来布置场地、谁来主持引导、谁来拍摄照片、谁来负责现场设备调试、谁来负责资金管理，也都需要组织成员共同协作才会实现。每一位组织成员具体的职务和角色可以根据组织所需进行设计，例如组织负责人、活动资金及票据管理专员、物资采购及保管专员、宣传专员等。确定了每位核心成员的分工，还需要确定职责并进行描述，明确具体需要做的事情以及标准。组织的分工与职责不仅仅是组织成员通过共同讨论而形成，还需要在后期行动中不断磨合和调整优化，才会将这些分工和职责慢慢固化下来。因此在方案设计过程中，培育方首先需要引导组织成员具有相关意识，之后在后期进行活动中逐渐完善。

社区社会组织成员在社区里的身份有时不止一个，例如有的组织负责人同时还是党支部书记或是楼门长，通过明确核心成员在组织外的其他身份和职务，引导组织成员区分组织内外的角色。明确自己的角色后再进行项目方案的设计，往往更能明确方案设计的目标与效果。

（5）项目活动设计。

社区公益项目设计包括项目背景、项目目标、受益群体、具体计划、风险预案以及可持续性等几方面内容。

第一，项目背景。项目是希望解决一个社区问题或是满足一个群体的需求，因此项目的背景是在社区社会组织开展社区公益活动之前，思考做事的原因，以及引导组织了解社区的基本情况，同时了解社区某一群体的具体需求，再进行方案设计以确保项目的可实施性。如果是社区公益服务项目，还需要思考项目活动的广泛性和迫切性；如果是已经在做事的组织，可以思考以前做事的方法是否能够回应某个社区问题或某个群体的需求。

第二，项目目标。项目目标是开展项目活动后所希望达到的效果，而项目的成功指标是达到此效果具体要做哪些事情，做完这些事情基本可以达成项目目标。

第三，项目受益群体。受益群体是所实施项目的受众对象。一般情况下，受益群体不是组织成员，受益群体可以视为被服务的对象，而组织成员则是服务者。通常在一个项目中每个人只会有一种身份，或者是服务者（包括志愿者），或者是被服务对象（受益群体），避免将受益群体与组织成员混为一谈。即使是一个文体娱乐类型的项目，每个个体也会在某一个场景下仅具有一种角色。例如一个社区文艺会演的项目，会有观众及演职人员，简而言之，观众属于受益群体，只需要欣赏节目；而演职人员则属于提供服务者，即使演职人员在表演间隙也会在现场观看表演节目，但由于其为整场会演付出了排练的时间、精力以及现场进行了表演，因此在此项目中仅属于服务者的角色。

除了避免受益群体和组织成员造成混淆外，还需要避免项目受益群体缺失的现象，即项目受益群体不明显的情况下，不意味着没有项目受益群体。例如社区环境保护类的组织所开展的清理社区街巷的项目，由于没有特定的服务对象，会误认为此类项目没有受益群体。其实不然，在清理街巷的项目中，组织成员由于进行街巷清理的行为，毋庸置疑属于提供服务者，而居住在这条街巷中的社区居民则属于受益群体，即使无法明确究竟谁为具体的受益人，但可以明确的是该项目具有受益群体。

项目的受益群体通常具有一定的特征，例如助老服务项目中的老年群体，具有年龄上的基本特征。再如街巷清理项目中的社区居民，具有居住地范围上的共同特征。因此在项目受益群体部分，建议明确该项目受益群体的具体特征，特征明确后，在行动的过程中，才会凸显项目的成效。

项目受益群体可以以量化指标进行衡量，包括受益人数以及受益人次。受益人数是在项目开展的过程中，接受过项目服务的个体，意味着只要是接受过项目服务，不论接受一次服务或若干次服务，都只按一人核算；受益人次则是同一个人接受项目服务的次数的合计。一般情况下，项目的受益人次将会大于受益人数。而在单次的活动中受益人数将会等于受益人次，但项目的受益人次和受益人数则会有所差别。且项目的受益人数和受益人次也并非简单的加和关系，而是根据每次项目活动的受益对象统计而来。两个量化指标对于社区社会组织实施项目都具有参考的价值，受益人数可以看到组织的项目活动的广度和覆盖范围，但受益人次可以看到组织的项目活动的深度和可持续性。

第四，项目计划。项目的具体计划中，需要考虑在项目实施的周期内（例如半年或一年），打算如何做以上那些可以达成项目目标的事情，可以列出具体行动步骤。例如将整体项目分成筹备阶段、实施阶段以及总结阶段，每个阶段需要做哪些事情，有的事情也许是每周都需要做的，比如组织内部会议、集体排练等，而有些事情是一次性且具有规模的，比如文艺会演等。即使是一个社区的文艺会演项目，也不只有最后的文艺演出一个环节，而是在项目执行前期有宣传、排练、物资采购、场地协调与布置等，在项目结束时有内部总结等环节。因此，项目大赛实际是在社区公益活动的场景下引入项目管理的思维和方法，提高以组织为主体规范化、独立运作一件事情的能力和意识。

在制订项目计划时，可以以项目目标的实现作为依据，根据项目整体安排做阶段的划分，每个阶段会由不同主题的系列活动组成，而每个活动又包括具体的活动名称、活动时间和地点、活动的具体内容、活动受益群体等。每一个小活动的内容相对明确后，整个项目的计划也就能够一目了然。需要注意的是，即使计划做得非常详细，在实际行动的过程中也会有所变化。做项目计划的作用是为了更清晰地梳理行动的思路，并能够推进实际行动的实施过程。

第五，风险防控与应急预案。在做项目的过程中，难免会遇到困难或风险，提前思考和分析项目的风险，有助于避免风险的发生。做好风险的应急预案，有助于推进项目的实施。例如，兴趣类组织的项目可能会遇到活动场地紧张的问题，通过思考风险及预案，能够提高兴趣类组织对于场地资源的关注程度，并且引导其自行寻找更多的场地资源。再如，服务类组织的助老服务或青少年服务的项目。尤其是室外活动，容易具有安全风险。通过思考风险及预案，提醒组织提前考虑到各类隐患，做好应急预案，例如携带急救箱、预留服务对象紧急联系人的联系方式、设置参与项目活动的限制条件、提前签订免责协议等。风险防范和应急预案既是保障项目的顺利实施，也是保护开展项目的社区社会组织，更是保护项目服务对象的安全。社区公益项目本就是具有奉献和志愿精神的活动形式，但其中的责任和风险意识却是保障社区公益项目开展的前提条件，也是对于具有爱心和奉献精神的社区能人的重要保护措施。

第六，组织的可持续性。社区公益项目大赛与政府购买服务不同，政府购买服务通常是购买相对成熟的社会组织或商业组织的服务，能够具有社会效益即可，往往不会特别关注组织的后续可持续发展的情况。但社区公益项目大赛则是培育社区社会组织的一种培力赋能的方法，更为关注组织可持续发展及成长空间。因此与政府购买服务不同，社区公益项目大赛的重点在于促进社区社会组织的发展，对于项目的设计和实施会给予较大的空间，给社区社会组织成长的机会，同时也会留有一定试错的机会。对于社区社会组织而言，参加项目大赛是助力组织的发展，既不是为了项目而项目，也不是负担和工作，而是需要在参与的过程中考虑组织的未来，思考组织的管理方式、组织的长期发展以及有可能筹集到的其他资源等问题。

（6）资金使用及预算编制。

对于社区社会组织而言，小型活动或常态化活动的开展可以通过社区两委的场地和资源的支持而持续进行，但大型活动或自主服务型活动仍需要一定的资金支持，以满足活动宣传、活动物资、误餐和交通等费用的支出。通过社区公益项目大赛的开展，逐渐形成社区社会组织公益项目资金的使用和管理的能力。

在社区社会组织发展初期，由于尚未达到在民政部门登记注册的程度，暂无法人登记证书和组织独立的资金账户，因此鲜少有机会获得资金的支持，通常在社区两委的支持下，才会拥有一定的场地资源和物资支持。

第一，社区公益项目大赛对于社区社会组织活动资金的支持方式有三种，分别为委托式、报销式、资助式。

委托式是由社区社会组织提交物资需求计划，经过财务部门审批之后，由培育方代为购买物资供组织举办活动时使用。报销式是社区社会组织提交资金预算编制计划，经过财务部门审核后，先由社区社会组织垫付，并将发票、劳务签收单据等票据资料交由培育方进行实报实销。资助式是培育方根据组织申报金额直接将款项支付到组织提供的账户上，由组织自行支配。在以上三种方式中，委托式对于社区社会组织的资金使用自由度最小，对于资金管理的风险也最小，但是会造成组织对于活动资金管理环节的缺失，对于培育社区社会组织而言具有相对的局限性。资助式对于组织活动资金使用的自由度最大，但也会造成一定资金管理的风险，无法及时了解或追踪到组织是否合理合规地使用项目活动资金，一旦出现资金使用不规范或侵占活动资金等现象将难以追溯或退回。报销式则是一种较为居中的方式，既能够给予组织一定的资金自由度，使社区社会组织尝试自主支配活动资金，同时也会通过定期报销的方式掌握组织资金的使用情况，通过培力赋能提高组织对于资金使用的合法性和规范性，降低资金管理的风险。

第二，资金预算编制规范。无论采用何种资金支持的方式，都需要对活动资金进行预算编制并合理合规进行使用。在编制预算时，培育方需要培力赋能预算编制的规范，尤其是对从未接触过项目活动的社区社会组织。

项目资金的预算编制需要与项目活动的计划内容相关，依据专款专用的原则，组织成员不得挤占、提留和挪用项目资金。对于银行账户的管理做到严格规范，避免使用非组织成员的账户作为活动资金账户。在使用项目资金时，需要按照预算核定的支出用途、范围和额度进行使用。一般而言，社区社会组织在社区开展的公益项目资金使用范围包括活动中产生的活动物资及物料费、活动宣传费、组织办公经费、组织成员的误餐补贴及交通补贴费用、组织成员的意外保险费、组织外部的专家劳务费用、档案资料制作费以及其他与项目活动相关的费用。对于公益项目资金不适用的情况包括为组织成员发放人员工资、招待费、会议费、购买固定资产及办公设备、租赁办公场所、进行基础设施建设以及与所申报的项目计划无关的费用。

第三，引导组织集体商议并确定资金管理账户及管理规范。在培育方进行项目资金使用规范的培力辅导过程中，需要重点引导社区社会组织集体商议项目资金管理账户以及资金管理的规范。由于大部分社区社会组织尚未拥有独立的组织资金账户，因此需要将项目资金打入组织成员的个人账户。对于具体打入哪位组织成员的账户，需要培育方引导组织成员进行集体讨论达成共识。这一环节与讨论组织成员分工相联系，通常情况下，活动资金及票据管理专员负责管理项目资金的收支，建议避免组织负责人一人负责项目和资金的管理工作，尽量做到专人负责。在项目资金使用的管理过程中，除了资金管理专员外，每支出一笔资金，建议至少经过两位组织的核心成员认可，实现组织内部项目资金合法合规使用的目标。

第四，项目预算编制的方法。编制预算需要组织集体讨论后形成资金预算表。根据组织设计的项目活动内容、需要支出费用的活动列明活动名称，不需要支出费用的活动仅在项目实施计划中体现即可。每个活动按照所应支出的费用类别列明，例如物料费、宣传费、外部专家费等。每项费用列明具体的数量及单价，最终核算每项活动的小计和整体项目的合计费用。每一项活动费用的支出尽量明确和具体，需要支出的费用也尽量思考全面。鼓励组织成员在进行预算编制前了解各种费用的市场价格，在货比三家后形成最终的预算表。

通过对组织进行资金使用和预算编制的培力辅导，提高社区社会组织自主管理项目资金的能力，同时需要引导组织思考未来还有哪些资金筹集的渠道。项目大赛仅仅是为了培育组织出现的，也仅仅可以满足组织的一部分活动需求，并非能够支持组织发展的全部经费需求。项目大赛并非组织唯一的资金来源渠道，组织可以通过提升专业技术获得更多资源方的项目支持，也可以接受基金会或企业的捐赠，还可以采用众筹等方式，只要是能够满足组织发展的需求并且合法合规筹集使用的资金即可。

三、萌芽阶段的培力赋能：发展成为相对稳定的组织形态

社区社会组织的相对稳定形态需要组织成员的集体行动才会慢慢形成。在前期社区公益项目大赛的设计阶段已经形成了项目计划方案，萌芽阶段的培力赋能在项目大赛的实施阶段继续展开。培力赋能的原则依然是组织的自愿性、培力的多样性、成员的参与性、赋能的持久性。培力赋能的实务流程覆盖了从项目签约到项目结题的整个过程。培力赋能的实务方法包括每天的日常咨询、每周的组织管理辅导、每半月的培力公坊、每月的项目管理及财务管理辅导等。培力赋能还需要一些工具表单予以辅助，并在使用工具表单的过程中，培养组织形成留存组织活动档案的习惯。需要注意的是，在萌芽阶段的培力赋能过程中，培育方需要把握培力赋能的内容和边界范围，对于组织所需要提升的组织管理、项目管理、资金管理、资源筹集等能力需要进行陪伴式的助力和支持，但对于组织内部的纠纷或是非则需要把握中立的态度，避免干预到组织的内部事务。

（一）萌芽阶段培力赋能的实务方法——社区公益项目大赛（实施阶段）

社区公益项目大赛设计阶段结束后，根据组织自愿原则，进入社区公益项目大赛的实施阶段。此阶段的实务流程包括签订项目协议、定期交流项目进展情况、项目活动资金拨付或报销、梳理项目实施过程资料、项目结题及展示交流。社区社会组织将前期设计的项目方案通过集体行动方式得以实现，这一过程既是组织成员对内部运行机制逐渐达成共识的过程，也是组织技术得以发展的过程。在组织不断行动的过程中，将有更多的相关方看到其发展的潜力，组织也通过项目大赛的机会寻找更多组织发展的

空间。需要注意的是，对于社区社会组织而言，项目管理并非组织发展所必需的过程，即使不使用项目运作的方式，组织依然可以有行动的空间，依然可以继续发展。因此在项目执行过程中，培育方需要注意避免因项目而约束组织的发展，尽量发挥项目助力组织发展的作用。

同时项目大赛的设计阶段可以促进组织形成初级形态、实施阶段可以培育组织成为稳定形态。项目大赛需要遵循培力赋能的原则，否则会对组织成员的积极性造成伤害，也会阻碍组织的发展，因此需要从社区公益项目大赛的初衷，即培育社区社会组织的目标出发。例如，避免因项目周期带给组织结题的压力，实施与计划本就无法完全一致，需要留给社区社会组织调整的空间和试错的机会；再如，尽量避免项目带来的繁重的行政化压力，公益项目并非社区社会组织的工作，而是一种培育的方法，需要培育方尽可能避免繁文缛节，能够达到组织活动具有规范化的意识和能力的目标即可；又如，尽量避免因项目资金带来的投机行为，培育方需要尽量合理设计资金使用的规范。

（二）萌芽阶段培力赋能的实务内容

根据前期的项目设计方案，社区社会组织将自主开展项目活动。然而在项目实施的过程中，社区社会组织会遇到若干问题，需要培育方进行日常的咨询和辅导，对于组织的个性问题采用一对一辅导的方式；对于组织的共性问题，可以采用培力公坊等集中辅导的方式。在社区公益项目大赛的实施过程中，培育方需要引导社区社会组织将每次活动的资料留存下来，并且在过程中通过组织内部会议进行讨论及总结，提高组织成员间的协作能力，形成相对稳定的组织形态。同时培育方也需要做好各类培力赋能工作的记录，例如将培力赋能分为日常咨询、组织管理辅导、培力公坊、项目管理及财务管理辅导四个模块，并记录下培力的时间、时段、时长，培力模块的类别、地点，组织名称、培力对象（具体到组织成员）、培力内容、培力者等。既可以记录萌芽阶段培力赋能的过程，也可以进行培力工作的数据统计和分析，包括分析每个社区社会组织培力的次数、时长及内容（培力需求），以及在一定周期内组织进行培力辅导的方向、趋势和频率。

1. 每天的日常咨询

社区社会组织的日常咨询是面向单个组织的多位成员进行一对一培力的方式，且分为线上和线下两种方式。线下的培力方式多为辅导项目实施过程中工具表单的填写方法、资金使用及报销资料的整理方法、调整项目计划或资金预算、分享近期的组织成员的收获和感受等，培育方根据组织成员的需求及时进行培力辅导。线上的培力方式通过电话、短信息、邮件、网络社交工具（如微信、QQ 等）方式开展，主要是对组织临时性的问题进行反馈，或是邀约线下的培力辅导。日常咨询更类似陪伴式助力的过程，当组织有需要的时候，培育方会陪伴在其身边进行支持和助力，避免违背组织的自愿原则强求组织接受培力辅导。

2. 每周的组织管理一对一辅导

除了面向单个组织成员开展的日常咨询，还可以社区社会组织为单位开展一对一辅导，培力内容多为组织的内部管理和机制建设，例如引导组织成员梳理组织内部管理规范、组织的各项制度内容、组织活动模式的梳理等。

3. 每半月的培力公坊

培力公坊意为“培育社区社会组织提升能力的公益性质的工作坊”，其中“培力”是为了培育和提高组织的能力；“公”则代表对于社区社会组织的培力是公益性质的，不带有商业目的，更多注重社会效益；“坊”则代表此种培力方法多以小型工作坊的方式进行。培力公坊面对的是多个具有培力意愿的社区社会组织，并通过分享、讨论、交流、互动的方式，搭建社区社会组织之间的共享平台。培力公坊的方式通常包括邀请来自不同领域且实务经验丰富的伙伴进行分享，包括本地区内部及外部的伙伴，并且与参与培力公坊的组织成员进行交流互动；项目实施过程中组织间彼此分享实务经验，并进行组织互评；到其他街道（乡镇）或社区进行参访交流，学习优秀案例并进行经验交流。

4. 每月的项目管理和财务管理辅导

此种培力赋能方法主要应用于项目大赛资金支持方式为报销式的情况。每月定期面向参与社区公益项目大赛的社区社会组织进行项目实施过程资料审核和资金使用报销核销，主要目的在于提高社区社会组织的项目管理及组织管理的能力。由于有些社区社会组织接触项目及报销机会不多且较为陌生，因此需要培育方耐心细致进行讲解和优化，及时提醒项目实施过程资料及资金报销票据的完整性和准确性。

（三）萌芽阶段培力赋能的工具包及使用方法

社区公益项目大赛实施阶段的工具包即“社区公益项目大赛《档案管理手册》”，作为此阶段培力赋能的工具，目的是在实施项目的过程中提升社区社会组织的组织管理能力、项目管理能力、资金规范使用及财务管理等能力。工具包不仅适用于社区公益项目大赛，也适用于社区社会组织所开展的其他活动。工具包共有四部分内容，分别是手册使用说明（包含组织管理、项目管理、资金管理的规范及工具表单使用说明）、组织管理表单、项目管理表单以及资金管理表单（详见图 4-3）。《档案管理手册》可以采用纸质或电子版本的形式，便于学习和阅读，也能够适用于不同年龄层的组织成员。

1. 手册使用说明

手册使用说明的目的是介绍社区社会组织规范化开展项目活动的作用、如何规范化地开展项目活动以及各种工具表单的使用方法。

2. 关于组织管理及工具表单

组织管理的部分可以使用接近社区社会组织成员的话语体系解释说明社区社会组织的内涵、与社区社会组织相关的政策环境、组织理论及要素、组织发展过程等内容（具体内容可详见第二章）。与组织管理相关的工具表单包括“社区社会组织通信录”“组织内部管理规范”以及“组织

社区公益项目大赛

档案管理手册

组织名称：________________

项目名称：________________

所属社区：________________

主办单位：________________

协办单位：________________

支持单位：________________

______年______月

目　录

前言 社区公益项目大赛简介
一、计划阶段流程回顾
二、实施阶段组织名单
第一部分　《档案管理手册》使用说明
第二部分　关于组织管理
一、什么是社区社会组织
二、社区社会组织要素分析
三、社区社会组织发展过程分析
附件一：社区社会组织通讯录
附件二：社区社会组织内部管理规范
附件三：组织架构及人员分工
第三部分　关于项目管理
一、说说项目及项目管理
二、项目实施前需要回顾和思考的问题
三、项目实施过程中的工具表单介绍
附件四：月度活动计划表
附件五：活动签到表
附件六：活动记录表
附件七：月度活动总结表
附件八：总结报告
第四部分　项目资金使用规范
一、项目资金使用及管理的规范说明
二、项目资金拨付及报销方式说明
三、项目资金使用变更说明
附件九：项目资金变更表
附件十：项目资金使用/报销情况记录表
附件十一：签收表（含物资领用表、误餐及交通补贴签收表、慰问品签收表）
附件十二：专家劳务签收单
附件十三：单笔大额支出协议

图 4-3　档案管理手册的封面及目录示例

架构及人员分工”（详见图 4-4）。

以上三个工具表单是社区社会组织在项目实施的过程中经过集体讨论逐步进行完善的，梳理以上内容的过程，也是组织成员对组织内部管理形成共识的过程。

首先，“社区社会组织通讯录”与设计阶段的社区社会组织成员名单内容相同，但并非此名单简单腾挪的过程，在组织行动的过程中，成员会有变化，有新成员的加入，也有退出的情况，因此通讯录成为组织内部定期梳理成员信息的表单工具。

其次，“组织内部管理规范”是将社区社会组织内部的规章制度固化的过程，以上规范是在组织成立之后且通过行动过程不断讨论并总结而成的。具体的组织规范可以根据组织自身的需要而设计，例如组织暂时没有物资，则可以暂时不建立物资使用及保管制度；再例如组织有线上微信群附件一：

社区社会组织通讯录

序号	姓名	性别	出生年月	居住社区	政治面貌	联系电话
1						
2						
3						
4						
5						
6						
7						
8						
9						
10						
11						
12						
13						
14						
15						

附件二：

组织内部管理规范

一、组织成员责任及义务

二、组织准入及准出制度

三、奖励与惩罚制度

四、会议制度

五、考勤制度

六、财务制度

七、物资申领及保管制度

附件三：

组织架构及人员分工

组织负责人：

资金管理专员：

组织核心成员及职务：

组织架构示意图（如）：

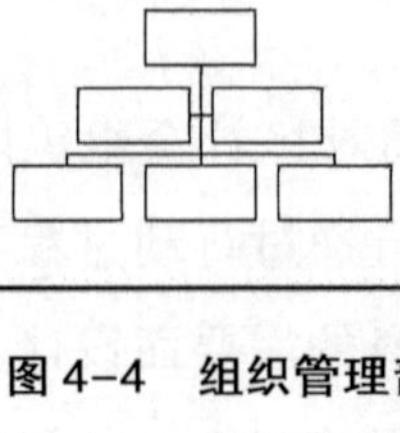

图 4-4　组织管理部分的工具表单示例

的群规，也可以补充进来。根据自愿性原则，组织内部规范制度的建立是由组织自己总结和梳理出来的，具体什么时间梳理出来，或是具体内容包括哪些制度，决定权在组织内部，培育方需要引导组织具有建立制度规范的意识，并且当组织有需要的时候，能够培力和赋能，避免为了建立制度而建立制度的情况出现。当组织通过集体讨论形成了组织的内部管理制度，这些制度便不再只是文字，而是约束每位组织成员共同遵守规则的过程。对于后期组织的备案登记或注册登记都具有实际意义或作用。

最后，“组织架构及人员分工”与设计阶段的项目活动分工不同，不仅仅是一次性活动的成员分工，而是以组织为单位，在考虑每位成员的特长和意愿之后，组织成员自愿负责组织内部的某一项事务，例如宣传专员、物资采购专员、协调专员等。由于组织从初级形态发展成为稳定形态需要一定的时间，因此从项目设计阶段到项目实施阶段，成员的分工会有所调整和变化，需要进行调整和补充。

3. 关于项目管理及工具表单

在项目管理的说明中，除了以社区社会组织的话语体系解释说明项目的含义以及项目管理的要素外，还需要说明在项目实施前需要回顾和思考的问题，以及在项目实施过程中的表单工具。

（1）在项目实施前回顾组织是否具备了实施项目的关键要素，再确定是否进入项目实施阶段。项目的关键要素包括：第一，是否明确了有待解决的社区问题或是某一群体有待满足的需求；第二，是否有明确的目标人群或服务对象；第三，是否有明确的项目目标，包括总目标和分目标等不同层次的目标；第四，是否明确项目活动的计划和内容；第五，是否明确了项目实施所需要的人、财、物；第六，是否有意愿进行接下来的项目实施过程，组织成员是否均做好了执行项目的准备。如果以上问题，社区社会组织均已经考虑清晰，并且已经做好准备，可以进入项目实施的阶段；如果暂时没有考虑好，不要急于进入项目实施阶段，培育方需要引导组织成员再次进行集体讨论，对前期的项目设计方案进行梳理和细化，待组织成员们做好准备再实施项目。

（2）项目管理需要经历的一些步骤或过程。主要包括：第一，需求评估或需求调查；第二，项目方案的设计；第三，与资金支持方签订协议明确权责关系；第四，项目实施；第五，项目总结及自我评估（含项目档案资料的制作）。

项目实施还有一些基本事项，包括：第一，在项目实施过程中根据项目设计方案进行实施，也可以根据实际情况经过组织集体决定后，适时调整项目设计方案，有助于项目目标的实现。第二，在项目执行过程中，尽量做到组织内部成员均能够了解“具体要做的事情”“为何要做这件事情”以及“做完这些事情可以达到的目标”，避免只有组织负责人或方案制订者熟知以上内容。除此以外，对于服务对象、社区两委工作人员等相关人员，也能够在参与活动的过程中尽量了解以上内容。第三，形成做记录的习惯，不论是组织的内部会议，还是面对服务对象开展的活动，都有意识地留存好现场活动的文字材料和影像资料；也可以利用小程序或 App 随时记录项目实施的过程。

如何判断项目做得好与不好？如何了解项目效果？第一，随时收集社区两委以及服务对象的意见或建议，发现问题才能够寻找解决问题的方法。第二，组织内部召开自我评估讨论会，反思对已开展的项目满意度如何、是否还有更好的方法、还需要做哪些方面的提升。第三，随时对照项目设计方案，思考项目目标是否达成、所发现的问题是否缓解、服务对象的需求是否满足。第四，主动和其他社区社会组织进行经验交流和相互学习，尽量实现经验共享和资源共享。

（3）项目实施阶段的表单工具包括“月度活动计划表”和“月度活动总结表”、“活动签到表”和“活动记录表”、总结报告等。其中“月度活动计划表”和“月度活动总结表”是每个月对项目进行的计划和总结，计划表包括预计在本月内举办几次活动，以及每次活动的时间、地点、名称、参与对象的特征和人数等内容，如果活动规模较大还可以另附活动方案；总结表包括本月实际举办了几次活动、每次活动的简要情况、组织成员的分工及感受、思考本月项目推进过程中的困难与收获。需要注意的是，计划表与总结表的活动情况不会完全一致，计划表是为组织推进项目提前做的规划，而在实际执行活动的过程中，也许会由于各种原因而与计划有所差异。这些“差异”则是组织成长的印记，经历了众多的“差异”之后，组织才会真正具有项目化的思维和能力。

附件四：

月度活动计划表

组织名称：________　所属社区：________

记录人：________　计划时间：______年____月

1	活动时间	
	活动地点	
	活动名称	
	参与对象特征及人数	
2	活动时间	
	活动地点	
	活动名称	
	参与对象特征及人数	
3	活动时间	
	活动地点	
	活动名称	
	参与对象特征及人数	
4	活动时间	
	活动地点	
	活动名称	
	参与对象特征及人数	

附件五：

月度活动总结表

组织名称：________　所属社区：________

记录人：________　总结时间：______年____月

本月举办了几次活动?活动名称、时间及地点分别是？参与对象特征及人数分别是？
组织如何进行分工？
举办活动后组织成员有哪些收获和感受？
在举办活动的过程中，遇到哪些困难？如何解决？

图 4-5　月度活动计划及总结表单示例

“活动签到表”和“活动记录表”是每次活动中都需要用到的两个表单工具，签到表是为了体现每次活动的参与人数。社区社会组织通过举办活动能够吸引更多社区居民的参与，社区居民也可以通过组织举办的活动了解该组织的情况，对有意愿加入组织的社区居民可以在活动结束后继续保持沟通，提高扩大组织规模的可能性。“活动记录表”则是将每次活动的现场情况记录下来，包括活动的名称、参与对象的特征和人数，以及活动流程、活动的具体内容、活动过程中发生了哪些情况等，社区社会组织可以按项目活动实施、项目活动总结、结项评估等过程，在活动实施过程中也需要组织自主留存活动档案资料。

第五，采用多维度评估方式评价社区社会组织的服务活动。除了各领域的专家进行评估外，还增加了社区社会组织之间的同侪互评过程，提高组织间的熟悉程度，搭建组织间的互动交流平台，充分听取其他社区社会组织的意见和建议。毕竟其他社区社会组织的成员也是本区域内的社区居民，对于服务活动是否有需求，是最具有发言权的群体。

社区民生议题会以社区社会组织具有相对稳定的组织形态为前提，在组织具有项目化运作和管理能力的基础上，更加聚焦于社区民生服务活动，引导社区社会组织更加关注社区公共事务以及社区特殊群体。对每次服务活动精细化及规范化的管理，保障了服务活动的质量和效果，同时也提高了社区社会组织自主设计和实施社区公益服务活动的能力。

4. 社区民生议题会的案例分析

以北京市大栅栏地区为例，在大栅栏街道和西城区民政局的支持下，分别于2017—2018年和2019年连续采用社区民生议题会的培力赋能方式，期间共开展了11轮社区民生议题会，共有30个社区社会组织累计举办了114场次社区民生服务活动，平均每场次服务活动的周期持续半个月以上，其中有8次是组织间联合举办。在30个社区社会组织中，互助类组织2家，服务类组织5家，兴趣类组织23家，充分说明引导兴趣类组织开展社区民生服务活动的可能性和必要性。社区民生活动的服务对象呈现出多元化的特征，包括了老年群体、残障人士群体、养犬户、儿童青少年及家庭、退休教师、复转军人、退休知青、消防官兵等群体；社区民生活动的服务内容除了帮扶特殊群体外，还包括社区环保服务、社区文化宣传活动等内容，说明社区社会组织在具有自主设计和实施社区民生服务活动的能力后，能够扩展服务活动的受益群体，同时能够丰富服务活动的具体内容。

照活动的特点自主决定记录的内容。同时可以将现场的影音和宣传等资料保存起来，通过小程序或 App 上传至网络。每次活动签到和记录的表单设计，目的是引导社区社会组织及时留下痕迹资料，便于后期的总结和回顾。

附件六：

活动签到表

组织名称：________________活动名称：________________

活动地点：________________活动时间：____年____月____日

序号	姓名	联系方式	序号	姓名	联系方式
1			11		
2			12		
3			13		
4			14		
5			15		
6			16		
7			17		
8			18		
9			19		
10			20		

附件七：

活动记录表

组织名称：________________活动名称：________________

活动地点：________________活动时间：____年____月____日

参与对象		参与人数	
活动过程记录：			

备注：请单独保存电子版活动照片，如有活动通知、宣传单页等请一并留存。

图 4-6 活动签到及记录表单示例

在项目执行完毕后，组织内部可以通过讨论会的方式完成“总结报告”，包括组织名称、项目名称、项目周期、社区社会组织发展情况、项目实施情况以及资金使用情况等内容。目的是及时梳理和总结项目经验，通过讨论会的方式便于每位组织成员都能够全面了解项目情况。避免由一位组织成员独自填写报告，或为了完成报告而写报告，失去了组织集体总结梳理和达成共识的机会。

4. 关于资金管理及工具表单

社区社会组织活动资金的管理建议依据合法合规、规范透明的原则，尤其是对组织内部成员而言，资金的使用影响着成员间的关系，资金使用透明规范会增加组织成员间的信任关系，避免因资金使用不透明而导致成员之间附件八：

总结报告

撰写人：　　　　　　　　　撰写日期：　　年　　月　　日

组织名称：
项目名称：
项目周期：　　年　　月　　日至　　年　　月　　日
项目实施地点：
社区社会组织发展情况： 1. 组织成员情况及分工情况 2. 组织成员在项目执行过程中有哪些变化？（如成员增减或职务调整） 3. 组织内部规范有哪些变化？（如新规范的制定或旧规范的调整） 4. 通过此项目的实施，组织成员有哪些收获、感受或思考？

项目实施情况： 1. 对比项目计划，已经完成和尚未完成的事项都有哪些？除项目计划外，新增内容有哪些？ 2. 此项目实施后产生了哪些效果或影响？ 3. 未来是否会继续开展此类项目，有哪些计划安排？ 4. 此项目资金的收支情况

图 4-7　项目总结报告示例

存在嫌隙。资金管理的培力赋能主要在于获得资金之后如何使用，如何规范地保存各类票据，以及如果遇到实际使用与预算编制有变化的情况，如何进行资金使用变更的调整。资金管理的表单工具包括“项目资金变更表”“项目资金使用/报销情况记录表”、各类“签领表”、外部“专家劳务签收单”以及“单笔大额支出协议”（详见图 4-8）。其中“项目资金变更表”适用于社区社会组织调整资金预算的情况，当活动资金发生科目类别的变化或活动资金变动额度较大的情况时，建议组织内部填写“项目资金变更表”，以示调整。“项目资金使用/报销情况记录表”也是属于组织内部资金管理的表单工具，由于社区社会组织暂无机构独立账户，因此以个人账户接收项目资金时，公开、透明并及时在组织内部进行公示显得尤为重要。此记录表的目的是以月为单位记录组织活动资金使用的情况；如果是以报销制作为项目资金支持的方式，则可以用此表记录每笔资金报销的情况。

附件九：

项目资金变更表

组织名称		项目名称			
社区名称		变更类型	□预算内容数量改变（200元以上变动幅度）		
申请日期			□ 原预算内容性质改变		
项目预算变更状况（表格大小可根据具体需要添加或删除）					
变更所涉活动名称	费用减少类别	减少金额（单位：元）	费用增加类别	增加金额（单位：元）	变更原因
示例：活动1	饮用水	300	活动材料	300	活动规模扩大需要增加志愿者，且志愿者都自行解决饮水问题
	小计	300	小计	300	
	小计		小计		
	小计		小计		
预算变更费用总计：____________元人民币					

附件十：

项目资金使用/报销情况记录表

组织名称：			项目名称：		
社区名称：			使用/报销时间：　年　月　日		
项目活动名称	活动所需物资	金额小计（元）	票据种类	票据张数	有无变更情况及说明
（例）踢毽子比赛	毽子	100	发票及明细	2	无
	裁判补贴	400	裁判员证及专家劳务签收单	4（2名裁判各2份）	有，将裁判的专家补贴费由每人400元减为每人200元
本月资金使用/报销金额合计（元）					
资金管理专员及组织代表签字					

附件十一：

____________签收表

组织名称：________________　活动名称：________________

项目名称：________________　活动时间：_____年___月___日

序号	本人签名	联系方式	序号	本人签名	联系方式
1			11		
2			12		
3			13		
4			14		
5			15		
6			16		
7			17		
8			18		
9			19		
10			20		

备注：本表格适用于物资领用表、误餐及交通补贴签收表、慰问品签收表。

图4-8　资金管理部分的工具表单示例

附件十二：

专家劳务签收单

社区社会组织外部专家的姓名	
外部专家的联系方式（手机）	
外部专家的工作单位	
外部专家的职称	
外部专家的身份证号码	
外部专家开户行（支行）及账号	
服务时间	
服务内容	
专家劳务补贴标准	
税前补贴金额	
扣除个人所得税	
税后所得金额	

备注：上述税后服务费，由甲方直接汇至专家账户，并代扣代缴个人所得税。

外部专家本人签字：

日期：

附件十三：

单笔大额支出协议

本协议书适用于社区社会组织单笔支出超过1000元（含1000元）时使用，具体内容如下：

甲方：________________

乙方：________________

一、合同内容（任填一项）：

1. 甲方委托乙方制作________________

2. 甲方从乙方购买________________

3. 甲方从乙方获得________________

二、产品报价如下：

内容	明细/型号	数量	单价	合计	备注
总 计：	元 （大写：人民币			元）	

以上信息是真实发生，甲乙双方协议签订，均真实有效。经双方协议确认，____________，共计为：____________元。

甲方：____________ 乙方：____________

（盖章）： （盖章）：

代表签字：____________ 代表签字：____________

联系电话：____________ 联系电话：____________

年 月 日 年 月 日

续图 4-8 资金管理部分的工具表单示例

各类“签领表”适用于物资领用表、误餐补贴签收表、交通补贴签收表以及慰问品签收表，与其他票据合并使用，用于报销或内部账务管理。外部“专家劳务签收单”适用于组织邀请外部专家后，提供给其专家补贴费用时的单据凭证，并配合转账记录和流水使用。“单笔大额支出协议”适用于组织单笔支出超过一定金额时使用，具体金额可以由组织自行决定，也可以按照当地财务管理标准设定，目的是在组织支付大额资金时具有签订协议的意识，明确每笔资金的支出用途。

5. 社区社会组织项目档案资料的制作方法

档案资料作为社区社会组织历年行动过程的记录，不仅适用于项目期内，也适用于非项目期。档案资料的收集、整理在社区社会组织日常的活动过程中即可完成，档案资料的制作可以“年”为单位，每年留存一套（或一本）社区社会组织的档案资料，对于组织回顾发展历程、新成员了解组织历史以及组织的对外宣传都有积极作用。同时档案资料的制作建议在培育方的引导下由社区社会组织独立完成，由于档案资料都是来自组织举办的活动，也都是由组织成员进行记录，因此可以培养社区社会组织具有自主留存档案资料的意识和能力。

档案资料制作的方法可以是成册的纸质版，也可以是电子版文档，还可以利用App系统自动生成，关键看社区社会组织适宜使用哪种方式。

档案资料可以包括组织管理资料、项目/活动管理资料、资金管理资料三部分内容，其中组织管理资料可以包括社区社会组织备案信息表（如有可以附上）、社区社会组织通信录、社区社会组织内部管理规范、组织架构及人员分工、与组织相关的其他资料；项目/活动管理资料可以包括项目设计方案（含组织成员名单和资金预算表）、项目协议（如有可以附上）、月度活动计划表、每次活动的签到表、活动记录表、活动照片（有代表性）、月度活动总结表（按月分别整理）、总结报告、与项目/活动相关的其他资料；资金管理资料可以包括每月项目/活动资金使用/报销情况记录表、项目资金变更表、票据资料、与资金使用相关的其他资料。

四、小苗阶段的培力赋能：具有公共服务特征

当社区社会组织具备了相对稳定的组织形态且有意愿自主开展持续性的组织活动之后，一部分组织将会维持组织规模，且延续之前的活动内容；但还有一部分组织愿意继续扩大组织规模，且增加组织活动的内容，这些组织将会需要更多的资源用以组织发展所需，包括资金资源、志愿者资源、场地资源、演出资源、师资资源等。对于培育方而言，社区社会组织在此阶段会出现分化的情况，培育的方法也将有所差异。

不论何种类型的组织，当组织有意愿发展并且需要培育方的支持助力时，培育才会有效果；反之，如果组织希望维持现状，过度培育将会削减组织活力与组织积极性。培育方往往拥有助力组织的各种资源，对于有需要的组织而言，资源是雪中送炭；反之，则会给组织增加负担，变成社区

社会组织在配合培育方的工作，从而出现本末倒置的情况。

因此，此阶段的培育，依然需要根据组织的自愿性，不论组织希望维持现状，或是希望继续发展壮大，组织可以根据自身的需求和意愿选择适用的培力方式。对于希望维持现状的社区社会组织，依然可以使用前阶段的社区公益项目大赛的方式，延续其稳定的组织形态；对于有意愿扩大组织活动的规模、开展内容更丰富、受益群体更广泛的组织，可以使用本阶段的培力赋能实务方法，即社区民生议题会。

（一）小苗阶段培力赋能的实务方法——社区民生议题会

社区民生议题会是通过建立区域性资金池的方式，以社区民生服务或互助为主题，通过社区社会组织自主申报的方式，利用多维度评估（尤其是增加社区社会组织之间的同侪互评）的过程，开展社区公益服务活动的培力赋能实务方法。

1. 社区民生议题会的目的

社区民生议题会是引导社区社会组织关注社区公共事务及社区特殊人群，提高自主开展社区公益服务活动的意识和能力。通常从以下四个方面开展民生活动：首先，人文关怀服务，诸如为有需求的老年人群体、残障人士群体、特困家庭、失独家庭等提供服务，同时对这些特殊群体的家庭或家人提供相应的服务；其次，关注社区环境的建设与改善，包括进行环境清洁维护、环境绿化美化以及社区环境保护教育等方面的服务；再次，注重在地历史文化的挖掘和传承，例如京剧文化、各种曲艺形式、传统手工技艺等的传承及服务；最后，社区教育类活动，通过组织自身的特长及优势，开展社区教育服务，共同营造社区整体氛围，带动身边的居民一起学习。

2. 社区民生议题会的适用性

社区民生议题会是否适用于全部类型的社区社会组织？不同类型的社区社会组织可以参与哪些社区民生活动？

根据社区社会组织按活动内容的分类，服务类的社区社会组织本身就在开展与社区民生相关的活动。而互助类或自治类的社区社会组织多在某群体之间开展与社区民生相关的活动。那么，在社区占大半壁江山的兴趣类组织是否可以参与社区民生议题会？

经过笔者的调研和实践，不论是在城市社区还是农村社区，兴趣类组织基本都具有居民自发性比较强、活跃度比较高、数量占比较多的特征。但大部分兴趣类组织只关注组织内部的成员需求，多表现为自娱自乐的状态，很少关注社区民生议题，与社区两委的互动也仅仅是在社区需要大型文娱表演活动时进行参演而已，无意愿承担更多服务型事务。然而当兴趣类组织具备了一定的组织管理、项目管理、资金管理的能力后，将会更有意愿发挥组织自身优势，编排更新颖的节目，设计更丰富的活动内容，分享给更多的社区居民，而非只关注本组织成员的个人需求，或只开展组织内部成员间的互助，而是超越组织内部范围，将组织自身的优势和特长释放和延展至组织边界以外的群体，发生了由自益、互益到共益过程的变化。

这里还需要注意区分兴趣类社区社会组织与自娱自乐团队的区别。兴趣类社区社会组织可以开展社区民生服务类的活动，并且具有社区公共服务特征；但自娱自乐团队由于只关注组织内部成员的需求而不会主动寻找外部资源，或暂无与组织外的群体或相关方产生互动的需求，因此依然停留在自益状态。后者也许可以通过培力赋能的过程转变为前者，但前提是基于该组织的意愿。

综上，社区民生议题会可以适用于各种类型的社区社会组织，关键看社区社会组织是否有意愿自主设计并开展社区民生服务活动。通过培育方在此阶段的实务流程设计以及过程中的培力赋能，进而引导社区社会组织具有关注社区公共事务和特殊人群的意识和能力。

3. 社区民生议题会的特点

社区民生议题会由于是在小苗阶段进行的培力赋能实务方法，目的在于引导社区社会组织关注社区公共事务以及特殊人群，同时提高组织自主开展社区公益服务活动的意识和能力，因此与社区公益项目大赛不同。其具有以下五个特点：

第一，社区民生议题会具有明确的社区民生服务或邻里互助的主题，引导社区社会组织在设计服务活动前了解社区民生问题或调研社区特殊人群，具有相对明确的服务意识。培育方会对不同类型的社区社会组织进行引导。例如兴趣类组织既可以尝试社区教育，为特殊群体开设兴趣班，也可以尝试社区宣传，发挥组织优势宣传社区里的好人好事或社区文化，还可以尝试为特殊群体服务，走进敬老院或温馨家园（服务残障人士）等。

第二，建立区域范围内（例如街道或乡镇范围）的资金池。即整合各类社区公益资金进行统一使用，在社区社会组织主动提出服务活动设计方案的情况下提供适当的资金支持。

第三，社区民生议题会相较于社区公益项目大赛采用更为灵活的方式。一是执行周期非固定。即社区社会组织可以根据设计的活动，自主选择执行周期，并非需要半年或一年的执行周期，一个月或半个月的执行周期也可以，只要是能够达到服务活动的目标和效果即可。二是活动申请时间非固定。社区公益项目大赛通常是在 年时间内，安排 至两次立项申请。而社区民生议题会则是一年内可以多次申请民生服务活动，平均每个月均有一次立项申请机会。可以根据社区社会组织的意愿选择在何时开展民生服务活动，既可以保障更多社区社会组织的参与性，又能够引导社区社会组织更为理性地开展服务活动，避免出现为了项目而项目的现象。三是申请主体更灵活。社区社会组织可以单独申请服务活动，也可以联合申请服务活动，主要看哪种方式更能够达到服务活动的目标和效果。需要注意的是，对于多组织联合申请的服务活动，需要在服务活动中发挥组织各自的优势和作用，组织间有分工、有合作，并非“不分你我”。

第四，组织的服务活动不论实施周期均以项目化方式开展，延续前期社区公益项目大赛的规范化管理模式。即使活动实施周期只有一个月或两个月，也需要具有社区需求或服务对象调研、项目活动设计、立项评估、

（二）小苗阶段培力赋能的实务流程

社区民生议题会的实务流程包括启动、筹备、实施、总结四个阶段，其中在实施阶段将连续举办多期社区民生讨论会，并开展同侪互评和专家评估，决定活动设计方案是否进入下一阶段。

1. 启动阶段

启动阶段最主要的目的是向社区社会组织说明社区民生议题会的规则，将以启动说明会的方式，详细说明举办目的、举办周期、参与方式、参与对象、支持方式以及方案设计表单工具，同时也会进行经典案例和本土经验的分享。方案设计的表单工具与社区公益项目大赛相似，包括了活动设计方案、组织成员名单、活动资金预算表、预算编制规范以及活动协议书等文件。需要注意的是，由于在开展社区民生议题会之前会实施社区公益项目大赛，因此所使用的表单工具建议统一进行设计，能保留的继续保留，少量的不同之处可以进行微调，避免因大量更换表单工具而给社区社会组织带来困扰和不便。同时，表单工具的设计也不宜过于复杂，延续前期的培力赋能的工具表单，能够将组织更多的精力放在提高活动的质量上，而非将精力用于反复学习不同的工具表单上，避免因过多的行政性工作占用组织大量的时间与精力。

2. 筹备阶段

由于社区民生议题会是定期举办，每一期都会有社区社会组织的社区民生服务活动进行结题和申请两个环节，因此在会议前培育方需要收集各组织关于社区民生议题会的资料。申请结题的组织其会议资料通常包括社区社会组织的活动资料，包括活动方案、活动记录、活动照片、活动总结等；新申请服务活动的组织其会议资料通常包括社区社会组织的申请资料，包括设计方案等。除此以外，培育方还应准备的会议资料包括签到表、社区民生议题会的流程安排表、活动评价表（同侪互评表及外部专家打分表，适用于评估申请结题的组织）、活动投票单（同侪互评表及外部专家打分表，适用于评估新申请服务活动的组织）、活动资金拨付或报销表等。

3. 实施阶段

社区民生议题会的实施阶段包括两个环节：一是活动设计环节，二是活动实施环节。每一个环节都包括了培育方的多次培力赋能以及至少一次的同侪评估和外部专家评估过程（详见图 4-9）。

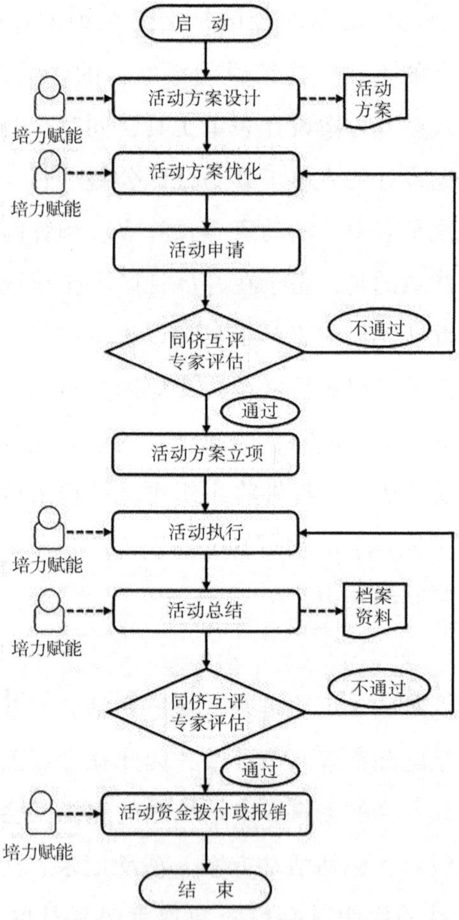

图 4-9 社区民生议题会实施阶段流程图

在活动设计环节包括活动方案设计和培力赋能（形成活动设计方案）、活动方案优化和培力赋能、活动申请以及评估过程。此时如果设计方案通过了同侪互评和外部专家的评估，则进入下一环节即活动实施环节；如果设计方案暂时没有通过同侪互评和外部专家的评估，则暂时返回到活动方案优化环节，待方案优化之后，继续参加下一次的活动申请以及评估过程。

在活动实施环节包括活动方案立项、活动执行与培力赋能、活动总结与培力赋能（形成档案资料，包括活动方案、活动议程、活动签到、活动记录、活动照片、总结报告以及资金使用及报销情况表等资料）以及评估过程。如果活动实施情况展示和汇报通过同侪互评和外部专家的评估，则可以进入资金拨付或报销环节，意味着活动顺利结题。如果暂时未通过评估，则返回到活动执行环节，再次完善活动执行的内容。例如二次开展相应的民生服务活动，在能够实现活动设计的目标时，继续参加下一次活动实施情况展示和汇报。

需要注意的是，两次评估过程的目的均是以评促建，并非要设置过高的门槛为社区社会组织的服务活动制造障碍或阻力，而是促进社区社会组织提升社区服务活动的能力、提高服务活动的质量。因此在此过程中，评估环节并非最重要的，而在评估环节之前培育方培力赋能的过程才是最为关键的。同时对于评估环节的指标以及通过的标准也可以根据实际情况进行设置，建议同侪互评与外部专家的评分比例各为一半左右，且通过评估的结果设置在60~85分的区间范围内较为合宜。

此阶段培力的过程并非停留在社区社会组织掌握服务活动的规范设计和实施活动的程度，而是需要在过程中引导社区社会组织学会关注社区公共事务以及特殊人群，并且结合组织自身的优势设计并自主实施社区公益服务活动。在此过程中，鼓励社区社会组织多与组织外的相关方建立合作关系，链接更多资源，开展内容更为丰富的服务活动。

4. 总结阶段

在每一轮社区民生议题会结束后，培育方需要及时总结各组织的情况、开展民生服务活动的情况、组织与组织之间联合互动的情况以及评估环节的情况，及时调整社区民生议题会的细节，例如每一轮民生会的举办时间是否合理、评估指标和通过的标准是否合宜等。同时积极配合顺利结题的组织和财务部门做好活动资金拨付和报销等事宜，及时总结社区民生服务活动的亮点，加强宣传和推广，继续扩大资金池总额，使社区民生议题会具有持续开展的条件。

（三）小苗阶段培力赋能的工具包及使用方法

1. 社区民生议题会工具包

此阶段与萌芽阶段培力赋能的工具包基本一致，也包括活动设计方案、活动档案资料等表单工具。但由于在小苗阶段能够进一步提升每一个社区民生服务活动的质量，因此在活动流程上相较于萌芽阶段将更为清晰，为此在原来整套表单工具的基础上，增加了活动方案及活动流程表（见图 4-10）。

活动方案

组织名称：	所属社区：
活动时间：	活动地点：
活动名称：	
活动目标（通过此活动达到什么效果）：	
活动主题与内容（本次活动预计进行哪几部分内容，分别是什么主题）：	
活动对象特征及人数（参与此活动的服务对象具有哪些共性特征、预计有多少人参加）：	
活动风险及应急预案（此活动可能存在的风险以及能够解决此风险的方法）：	

附表一：活动流程表
附表二：活动预算表

附表一：

活动流程表

组织名称：　　　　活动时间：

活动时间	时长（分钟）	活动内容	备注
如：9:00-9:30	30 分钟	踢毽子比赛（第一场）	需要裁判和计时员

图 4-10　活动方案及附表样表

附表二：

活动预算表

组织名称：		活动预算（元）：		
活动名称：				
活动内容	活动所需	单价（元）	数量	金额小计（元）
（例）踢毽子比赛	毽子	5元/个	20个	100.00
	裁判补贴	200元/人/场	2场2人	800.00
	误餐及交通补贴	50元/人	2人	100.00
合计				

续图 4-10　活动方案及附表样表

活动方案适用于社区社会组织的每一次活动，不论是内部讨论会或是总结会，均可使用活动方案具体细化活动内容。活动方案两个附表包括活动流程表以及活动预算表，其中活动预算表与前期项目资金预算表内容一致，但适用于每一次活动的预算编制，明确活动所需资金情况；活动流程表主要目的在于活动举办过程中的各个活动模块或环节的把控，明确整场活动每一个环节的时长、具体内容以及注意事项等。

2. 社区社会组织服务活动模式梳理工具包

在社区社会组织开展一段时间的社区公益服务活动之后，根据自愿的原则，培育方可以助力社区社会组织梳理社区公益服务活动的模式，通过组织内部进行讨论，不断对服务活动的模式进行调整和优化，同时也是组织内部达成共识的一种方法，更是进一步组织化的过程。从一个主要的服务模式开始，提高服务活动的质量，并延展服务活动的持续性；再根据组织意愿考虑拓展其他的服务模式，逐步丰富组织的服务活动模式。在此过程中，需要使用社区社会组织服务活动梳理表、服务模式梳理表等表单工具（见图 4-11）。

社区社会组织服务活动梳理表

组织名称：				所属社区：					
组织负责人姓名：				组织成员人数：					
组织优势特征：									
组织近期开展的服务活动情况表：									
时间	地点	服务活动名称	服务对象特征	服务人数	服务对象满意度				
					很高	较高	一般	较低	很低

社区社会组织服务模式梳理表

组织名称：							所属社区：		
组织负责人姓名：							组织成员人数：		
组织优势特征：									
序号	服务活动对象特征（服务模式名称）	服务活动满意度					平均开展此类服务活动的次数（次/年）	未来计划平均开展此类活动的次数（次/年）	预计资金来源
		很高	较高	一般	较低	很低			

图 4-11　社区社会组织服务活动及服务模式梳理表单样表

第一，社区社会组织服务活动梳理表。根据社区社会组织前期留存的档案资料，可以作为组织服务活动的梳理依据。在此过程中，尤为重要的是，形成活动梳理表的过程是一个内部协商的过程，也是一个组织内部达成共识的过程。通过召开核心会议或例会的方式，组织成员共同梳理近期所开展的服务活动情况，包括服务活动名称、服务对象特征、服务人数以及服务对象满意度等信息。其中服务对象的满意度可以引导社区社会组织设计服务对象满意度评价表，根据打分做统计，或是组织成员合议并预估满意度的情况。

第二，社区社会组织服务模式梳理表。当社区社会组织梳理出服务活动之后，依然是以组织内部协商的方式，进行组织服务模式的梳理。此过程可以将组织所开展的服务活动进行整合，并梳理出组织最为擅长且服务对象最为需要的服务活动。梳理的内容包括服务活动对象的特征（也可以此作为服务模式的名称）、此类服务活动的平均满意度情况、以年为单位核算平均开展此类服务活动的次数、以年为单位未来计划开展此类服务活动的次数、预计此类服务活动的资金来源有哪些渠道等。

通过以上组织服务活动及服务模式的梳理，社区社会组织将逐渐明确本组织未来的主要服务模式，甚至是组织未来的发展方向。社区社会组织服务活动及模式的梳理适用于各种类型的组织，包括服务类、兴趣类或互助类等。同时，在组织的不同成长发展时期都可以此方式进行阶段性梳理，明确组织下一步发展的方向以及工作计划。此梳理方法也可用于具有分支或分队的组织，通常从核心层开始梳理，带动各分队自行梳理各队的服务活动及模式，再将分队的服务模式反馈到组织核心层，实现整体组织服务模式细化的目标。

五、成树阶段的培力赋能：多组织间协商平台

（一）成树阶段培力赋能的实务方法——社区社会组织协商平台

1. 社区社会组织协商平台的目的

根据自组织过程理论，成树阶段的主要特征是建立正式的自组织、社会服务功能专业化并且建立自治理机制。社区社会组织在经历了社区民生议题会后，将具有关注社区公共事务以及特殊人群的意识，并具有自主设计和实施社区公益服务活动的能力，同时形成社区社会组织的服务模式。在此基础上，区域内的资源（包括资金资源）会因为社区社会组织能力的不断提升而增加，区域内将会出现两种趋势，即“竞争”和“竞和”的趋势。“竞争”虽然会带来促进组织发展的正向作用，但也会造成组织间争夺资源后两败俱伤的结果。而“竞和”的局面既能够保持组织间健康有序地发展，同时也能够促进组织之间的互动与合作。因此，社区社会组织协商平台的目的在于鼓励社区社会组织之间进行协商与联合，促进组织之间

出现不同程度的合作，进而发展为区域内或跨区域的组织间的联合行动的过程，实现本区域范围内（社区或街道乡镇范围）组织之间合力的出现，避免因资源或机会引起的组织间不良竞争的局面，尽力营造组织间齐心协力竞和的氛围。未来随着社区社会组织协商平台的发展，将形成本区域范围内的社区社会组织联合会等组织形态。在自愿的前提下，如果联合组织的形态可以注册成为合法性的组织形态，则相当于本区域内有一棵内生出来的大树，可以形成本区域的社会力量的有力支撑，引入更多的外部资源，平衡内部资源的使用，并培育出更多的内生型社区社会组织。

2. 社区社会组织协商平台的原则及模式

社区社会组织协商平台虽然可以起到由“小苗”到“成树”的培育作用，但仍需要坚持社区社会组织自愿的原则。培力过程也会需要一个更长的时间，而此阶段开展的培力方式则更为多元，包括社区内的其他活动均可采用社区社会组织协商平台的方式开展；培育方的范围也会扩大至社区两委或其他力量，不仅仅是单一的培育方。

因此社区社会组织协商平台的模式将会是多方联动的过程，包括作为协商平台上服务活动实施者的多个社区社会组织，培育方、其他专业性社会组织以及驻区单位，还有社区两委和街道办事处（见图 4-12）。

其中区域内多个社区社会组织的角色是设计并实施本区域社区公益服务活动的主体，也是“协商平台”的运营主体，培育方、外来专业社会组织、枢纽型社会组织、驻区单位等将为社区社会组织提供培力陪伴以及各类资源等助力和支持，街道（乡镇）以及社区两委一站则起到最为关键的引领和监督的作用，同时还有协调本区域内外的资源和关系以及组织来自政府部门相关精神的培力学习等功能。此协商平台上各方力量均具有两两交互作用，例如社区社会组织在设计和实施社区服务活动之前，需要向社区两委或街道（乡镇）相关科室进行方案的汇报，确保活动的精神始终跟党走；在设计或实施服务活动的过程中，需要资源或助力时，可以借助培育方等力量。而培育方等力量除了为社区社会组织的服务活动提供助力和

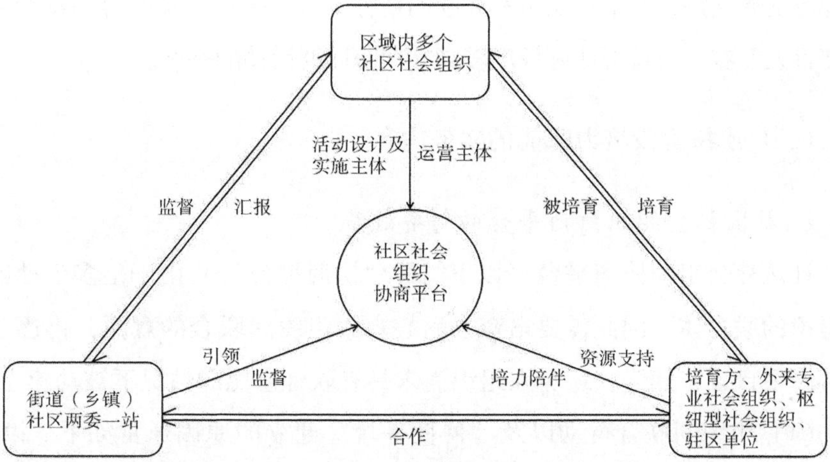

图 4-12 社区社会组织协商平台模式示意图

支持外，还需要与街道（乡镇）和社区两委开展合作，在思想上保持一致，共同为培育社区社会组织的目标而努力。只有在区域内各方力量有机联动，才会确保协商平台作用的发挥，进而保障社区社会组织联合的服务活动具有社会效益。

3. 社区社会组织协商平台的案例分析

以北京大栅栏地区的前门西河沿社区为例。自 2018 年开始陆续有 5 个类型各异的社区社会组织尝试联合开展社区公益服务活动，包括兴趣类组织前西统战艺术团、前西怡和舞蹈队，服务类组织前西助老服务队、前西养犬队，以及环保类组织前西绿色风尚志愿环保服务队。由最初的两个类型相近的组织开始联合，逐步发展成为在社区范围内不同类型的组织联合在一起，在保持各个组织优势特征的基础上，通过分工及合作，以社区社会组织协商平台的模式共同设计并实施社区公益服务活动。例如，在 2018 年春节和妇女节等举办的多组织联合开展的节日庆祝及社区服务活动，2019 年举办的社区环保周年庆、庆八一系列活动、庆中秋主题活动以及邻里节活动等。在这些活动设计和举办的过程中，培育方和物业公司以及驻区商户均提供不同内容的助力和支持，社区两委为组织的联合行动把握总体方向、提供场地等资源支持，并给予认可和鼓励的精神支持，平均每场联合活动受益人次在百人左右，受益群体好评度较高并期盼后续活动的举办。

（二）成树阶段培力赋能的实务内容

1. 社区社会组织协商平台的筹备过程

社区社会组织协商平台（以下简称“协商平台”）由于是多个社区社会组织的联合体，因此需要培育方耐心观察组织间联合的意愿，再逐步引导协商平台逐步建立，避免在组织尚未具有联合意愿的情况下被动建立。

（1）组织间联合行动以及“协商平台”建立的原因通常如下。第一，社区社会组织成员的身份较多。有的社区社会组织成员既是A社区社会组织的负责人，同时又是B社区社会组织的一般成员，或有的社区社会组织成员同时又是社区某党支部的书记或支委。由于其身份在组织间具有交叉性，因此共享资源、联合行动的机会和可能性大大增加。第二，单个的社区社会组织规模有限。当需要进行规模较大的社区级活动时，单个社区社会组织的实力明显不足，因此需要采用组织间联合的方式弥补组织规模不足的问题。第三，单个社区社会组织服务活动的内容有限，无法满足更广范围的社区居民的需求。当遇到社区级活动或节庆活动时，单个社区社会组织的局限性显现，需要开展联合行动弥补功能单一化的问题。第四，由于单个社区社会组织的服务活动资金量有限。且由于每个社区社会组织的成员数量及规模不同，当多个组织联合在一起时，可以发挥活动资金使用效率的最大化。第五，在活动场地资源、活动时间有限的情况下，也会在一定程度上促成组织间的联合行动。

（2）“协商平台”往往会通过组织间的联合行动逐渐建立联动机制，进而根据多组织的意愿出现“协商平台”。因此，“协商平台”的建立通常需要经过四个阶段。第一阶段，同类型或不同类型的两个社区社会组织尝试进行联合，若联合过程较为顺利，并且能够建立起组织间的协商机制，通常在后期多组织联合的过程中会进行借鉴。第二阶段，多组织联合需要社区级别或相对规模较大的事件作为基础，例如春节等各类节庆活动期间往往容易促成组织间联合行动，再如社区邻里节等社区级活动也能够提供组织间联合行动的机会。在多组织首次联合行动之后，培育方需要引导多组织共同总结和讨论收获及不足，并且观察组织间联合的意愿是增是减，如果组织间合作相对顺利，有可能促成后期更多组织、更长期的联合行动。第三阶段，在经过若干次多组织（两个以上）的联合行动后，逐渐形成本区域范围内组织间合作的基本模式，包括如何确定议题、各组织在活动中的角色、各组织的分工、活动方案的确定、活动资金的分配及使用等内容。在此过程中，通常会出现从两个组织联合到三个组织联合再到多个组织联合的过程，即通过联合活动的开展，会有越来越多观望中的社区社会组织逐渐加入联合体，而非一次性将区域内所有组织联合起来。同时也需要注意，"协商平台"并非需要将所有社区社会组织全部联合在一起，而是根据各组织的意愿，自愿加入"协商平台"，避免因求全带来隐患。遵循自愿的原则，"协商平台"将会发展得更为稳健。第四阶段，当多组织形成一定联动机制或规则后，培育方需要观察组织是否有建立"协商平台"的意愿，如有意愿则推进建立协商平台，如无意愿则建议暂缓推进。

这里需要注意的是，避免培育方主动推进协商平台的建立，而是需要通过观察组织的意愿逐步引导其自己建立"协商平台"，至于是否叫作"协商平台"或是其他名称，则可以在多组织共议后自行决定。"协商平台"只是此阶段的培力赋能模式，并非组织联合体的名称。笔者曾经历过由培育方推进建立的"协商平台"案例。由于并非社区社会组织的迫切意愿，因此"协商平台"带来的效果和作用并不明显，后期也出现了停滞不前的现象。反之，在笔者经历的由多个社区社会组织自发建立的"协商平台"，其自发性较强，持续性也较长，"协商平台"的作用效果也比较明显，即能够发挥将社区内的多个社区社会组织联合在一起的作用。

2. 社区社会组织协商平台的建立过程

当多个社区社会组织之间形成了联合行动的规则并且有意愿建立组织

联合体时，适宜推进“协商平台”的建立。

通常培育方需要引导多个社区社会组织就某个联合行动议题进行讨论，通过举办“协商平台”会议的方式，组织间共同讨论联合行动的事宜以及对“协商平台”的想法。首次“协商平台”会议通常是培育方召集，并且需要邀请社区书记主任或街道（乡镇）相关工作人员、其他重要的助力支持者（例如外部专业社会组织、枢纽型社会组织或驻区单位）共同参会。前几次“协商平台”会议通常由培育方召集会议，属于培力赋能的环节，并逐步引导形成固定的会议频次、会议形式、会议参与者等关键要素。在此过程中，逐渐形成“协商平台”的核心层，即每次会议均主动参加，并在会上积极讨论。“协商平台”核心层成员通常情况下是各个社区社会组织的管理层成员。在此基础之上，如涉及联合行动或组织分工等内容，还会召开“协商平台”的扩大会议，通常包括各组织的核心层成员。在“协商平台”的核心层和扩大会议均定期召开后，培育方需要细致观察有可能作为“协商平台”召集者的候选人，以逐步替代培育方会议召集者的角色。一般情况下，“协商平台”的核心层会主动提出遴选或推荐会议召集者的议题，此时组织成员心目中基本已经确定适宜的人选，此过程将会相对顺利。反之，如果社区社会组织成员无人提出，培育方需要在非会议时间倾听候选人的想法和建议，此时避免培育方提出遴选召集者的议题，避免组织成员误解培育方的用意。

在成树阶段的培力赋能过程中，需要注意保持培育方的角色和功能，即培育方依然需要担任助力和支持的角色，且发挥培力和陪伴的功能。同时培育方避免成为“协商平台”的负责人，“协商平台”的运营主体依然是社区社会组织。需要注意的是，“协商平台”上的核心层、扩大层或召集人等人选均为社区社会组织共议后的结果，而非被动接受的过程，且其来源均为各社区社会组织的成员，而非组织外人员。无论是“协商平台”的核心组或召集人，或是各组织的成员均具有平等的身份。且“协商平台”与各社区社会组织具有平等的话语权，“协商平台”并非凌驾于某个组织之上。“协商平台”的功能包括组织间联合行动的方案设计、商议组织间的分工与协作、共议活动资金使用情况，而非具有管理各组织或是服

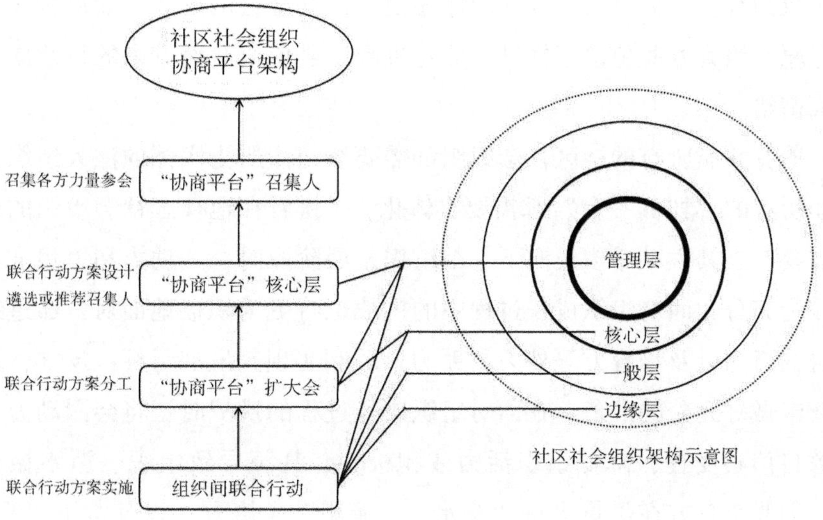

图 4-13　“协商平台”与社区社会组织架构示意图

务各组织的功能，各组织的活动依然由各组织自行开展和决定。

3. 社区社会组织协商平台的发展和组织化过程

多个社区社会组织形成“协商平台”的模式，可以适用于在社区内与社区社会组织相关的各类项目或活动中。除了阶段性的项目活动外，平台也可以商议全年度的社区级公益服务活动整体计划，整合区域范围内社区社会组织的资源、社区公益服务项目资源、社区公益资金资源以及社区能人资源。在多组织联合行动的过程中，逐渐磨合“协商平台”的各项规则，例如平台内的资金池引资和管理规则、平台组织准入准出规则、平台议事规则等，实现以社区社会组织为主体、多组织的联合体即“协商平台”自我运营的状态。

当“协商平台”实现良性自我运营后，培育方可以观察和引导“协商平台”进一步组织化。基于社区社会组织自愿的前提，如果社区社会组织有继续将“协商平台”实体化的意愿，培育方可以开展包括登记注册、组织管理等实体化过程的培力赋能，使社区社会组织对实体组织后期的工作和各项事务具有充分的了解，再决定是否需要进行登记注册，究竟是选择登记成为社会服务机构、社会团体还是社区基金会的形式。如果暂无实体化意愿，培育方避免急于推进实体化进程，避免由此而带来的行政压力和负面情绪。

毕竟并非所有的社区社会组织都需要登记注册为实体的法人组织，也并非所有的“协商平台”都需要实体化，关键看在地社区社会组织的意愿和需要，当其主动希望迈向下一个组织发展阶段时，其动力和思想准备必将较为充分，面对组织成长过程中的挑战也将更为积极地面对，通过组织自身的努力以及培育方等外力的助力，顺利实现其发展目标；反之，若组织暂未做好充分的准备，在面对组织成长过程的挑战时，将会因动力不足导致自信心受挫，降低组织活力或积极性，甚至导致组织一蹶不振或消亡。因此培育方在尽量进行“浇水”“施肥”（培力）以及给予“阳光”“时间”（陪伴）的同时，更需要给社区社会组织更多自由发展的空间，等待其作出下一步的决定，避免拔苗助长，避免代替组织作决定。同时，培育组织好比大浪淘沙的过程，并非所有培育的组织都会发芽、成才，出现消亡的组织，或组织出现停滞不前的状态，均属于自然现象。作为培育方需要尊重组织发展的客观规律，不强求某一个组织过度发展。通过培育不断重复“播种”“浇水”“施肥”“播种”“浇水”“施肥”的过程，广泛培育更多的社区社会组织，做好培力陪伴、赋能助力的工作，经过优胜劣汰的过程，历经几年甚至几十年的努力，终将会看到培育耕耘的地区长出一片森林的景象。

（三）成树阶段培力赋能的工具包及使用方法

成树阶段的培力赋能工具表单依然沿用前期的工具包，仅仅由于多组织联合将以前的表单工具进行简单调整，形成新的《社区社会组织协商平台联合项目活动方案计划书》（详见图 4-14）。与前期的表单工具相比，此计划书仅增加了“协商平台”及各社区社会组织的情况，其他内容无变化，附件一和附件二也均无变化，此处不再赘述。除此以外，项目实施过程中的表单工具均不做调整。

社区社会组织协商平台

项目方案计划书

第一部分　基本信息

一、社区/街道（乡镇）名称：

二、项目活动名称：

三、计划实施周期：

四、计划实施地点：

五、计划申报资金（元）：

第二部分　实施联合项目的社区社会组织协商平台信息

一、社区社会组织协商平台的各组织情况信息表

协商平台组织数量 ：______个。

社区社会组织名称	组织成员人数	组织负责人	组织副负责人

注：各社区社会组织全体成员名单（详见附表一）

二、社区社会组织简介（包括成立时间及背景，组织性质、理念及愿景，过往项目经验及所获奖项）

组织1：

组织2：

组织3：

组织4：

组织5：

三、社区社会组织协商平台核心工作分工表

核心工作	核心成员姓名	特长	职务具体描述	平台外的其他身份及职务
召集人/总负责				
资金票据管理				
如：物资保管专员				
如：组织宣传专员				
（自行添加组织成员及职务）				
（自行添加组织成员及职务）				

四、社区社会组织协商平台简介（包括成立时间及背景，平台理念及愿景，过往项目经验及所获奖项）

第三部分　社区社会组织协商平台联合项目活动情况

一、联合项目活动背景（联合项目针对社区哪类问题或满足哪个群体的何种需求）

二、联合项目活动目标及预期成效

三、联合项目活动各组织的分工情况

四、联合项目活动受益群体预估（受益群体具体特征、受益人次及受益人数）

图 4-14　社区社会组织服务活动及服务模式梳理表单样表

五、联合项目活动计划

（一）筹备阶段：（什么时间，在哪里，做什么事情，为谁做，哪个组织来做）

（二）实施阶段：（什么时间，在哪里，做什么事情，为谁做，哪个组织来做）

（三）总结阶段：（什么时间，在哪里，做什么事情，为谁做，哪个组织来做）

六、联合项目活动的风险分析及解决方案

七、本联合项目外可筹集或可利用的资源

第四部分　联合项目活动资金使用及管理

一、项目资金账户信息（仅用于项目资金收支的使用及管理）

开户人姓名	
开户人身份证号	
开户人联系电话	
银行账号	
开户行名称（具体到支行）	

二、资金预算表（详见附表二）

续图 4-14　社区社会组织服务活动及服务模式梳理表单样表

六、本章小结与思维导图

社区社会组织往往由社区能人之间的关系动员开始，想做事的人找到与其志趣相投的伙伴，由他们之间的邻里关系、亲友关系开始，动员更多的伙伴一起加入进来，做能人们希望做的事情。随着人数不断增加，慢慢形成较为稳定的组织形态，并且通过组织内部约定俗成的规则，开展一系列的集体行动，例如申请一个短期的活动或项目。当组织发展到一定阶段，组织形态相对稳定，则逐步与组织外部产生联结，开始与外部进行互动，例如开始出现了公益服务活动的设计与实施，以及具备了组织外部资源筹集的能力及意识。在组织具备了一定的管理能力、项目运作能力、资源筹集能力的基础上，社区内部出现多个组织的联合行动，并开展社区级范围的公益服务活动，例如多个社区社会组织联合举办社区级大型节庆活动或公益服务活动，在社区两委的引领和监督下，培育方的助力支持下，由多个社区社会组织共同进行活动的策划、实施以及宣传等，并且使更多社区居民参与进来，最终将多组织联合而成的平台逐渐发展成为实体化组织，成为区域范围内的“大树”。此过程往往由一个组织发展到多个组织，从最初的个人关系发展为社区内的集体关系，从个人行动开始逐渐涌现为社区集体行动的过程。

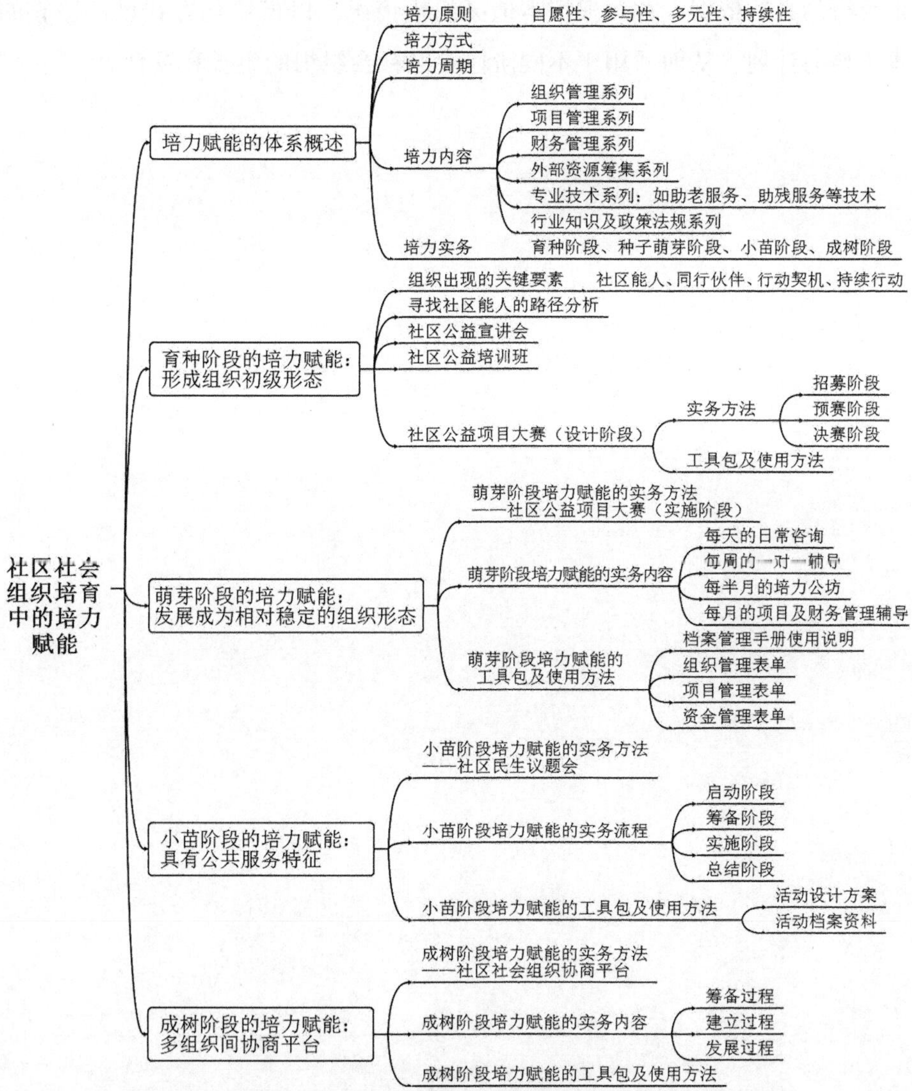

图 4-15　本章结构内容及思维导图

本章基于以上社区社会组织的发展过程，构建出一套包括“育种”“种子萌芽”“小苗”“成树”各阶段的培力赋能实务操作体系，例如社区公益宣讲会、社区公益培训班、社区公益项目大赛（含设计阶段和实施阶段）、社区民政议题会、社区社会组织协商平台等实务方法，并说明每种实务方法的原则、适用性、操作流程及工具包使用方法。为在地培育方提供可行的方法依据，并可根据本地区组织情况，以模块化方式设计适宜的本土培力计划，从而适用于不同阶段社区社会组织的生长和发育。

·第五章·

社区社会组织培育中的陪伴助力

在培育社区社会组织的过程中，通过培力赋能提升组织化程度、提高组织各方面的能力，使其不断生长发展。而培力赋能的方法多样、效果不同，社区社会组织又展现出个性化特征，具体适用于哪种培力赋能的方法，需要培育方在陪伴助力的过程中不断观察和不断发现。因此，培育方对于社区社会组织的培力赋能和陪伴助力是相辅相成、密不可分的。本章通过分析陪伴助力的作用与原则，进而阐述陪伴助力的“线下”及“线上”这两种不同的实务方法。

一、陪伴助力的作用与原则

陪伴助力是培育方通过日常的观察和长期的陪伴以助力社区社会组织成长发展的一种培育方式。

（一）陪伴助力培育方式的作用及方式

陪伴助力的作用主要体现在以下两个方面：一是陪伴助力能够更为直接地理解社区社会组织所面临的需求或问题，培育方可以及时发现社区社会组织的短板或不足之处，从而设计出更适宜本地组织所需的培力赋能实务方法；二是陪伴助力的方式是双向互动的过程，能够促进培育方与社区社会组织之间增进信任关系，社区社会组织能够向培育方袒露心声，培育方能够了解组织的真实情况，保证培力赋能的有效性。

陪伴助力可以通过“线下”和“线上”两种方式进行，主要表现为在“线下”进行组织活动的追踪，在“线上”进行组织情况的观察，将“线上”和“线下”两种方式结合起来，陪伴助力将会更为全面、更为有效。

（二）陪伴助力培育方式的原则及要点

培育方通过陪伴助力的方式能够更为直接地与社区社会组织进行互动，从而增进培育方与组织之间的信任关系。然而在进行陪伴助力的过程中，也需要把握好以下三个原则。

1. 以具有相关知识并做好基础调研为前提

培育方在进行陪伴助力前，需要具备培育社区社会组织的基础知识体系，并做好最基本的社区社会组织调研工作，在了解社区社会组织的基本情况的前提下再进行陪伴助力。在培育方观察和了解社区社会组织的同时，社区社会组织也同样会观察培育方。如果培育方暂未做好前期的基础工作，在与社区社会组织的互动中，既会影响培育方的专业性，也会影响社区社会组织对培育方的信任感，从而影响陪伴助力的效果。

2. 保持培育方的角色

培育方在陪伴助力的过程中需要时刻保持培育方中立、客观的身份和角色，把握好与社区社会组织的工作关系，注意避免四个误区。

一是避免影响组织的自主活动。陪伴助力不同于培力赋能，培育方在陪伴助力的过程中，不再是培力者，而是陪伴者，即避免过多指导或不合时宜的介入而影响组织的自主活动，而是保持一个中立、客观的观察者的角色，观察社区社会组织在自主活动的过程中有怎样的分工、如何协作、如何处理内部争议以及如何形成内部治理机制。

二是避免介入组织的内部事务。由于培育方会在线下参加社区社会组织的活动，包括内部会议等活动，从而更清晰了解组织发展的过程以及所面临的问题。然而在此过程中，培育方需要避免代替组织做内部决定的现象，当组织表现出将某件事情的决定权交给培育方时，培育方需要及时澄清身份，并将组织内部事务的决定权保留在组织成员的手中，避免培育方介入组织的内部事务中。澄清身份的过程需要培育方具有一定的沟通技巧，既能够表达清楚自己的身份特征和权责所在，又能够让组织理解培育方的用意，避免对培育方产生推诿或漠视的误解。

三是避免与组织成员谈论是非。培育方通过陪伴助力的方式会认识更多的社区社会组织成员，有时社区社会组织成员会跟培育方说组织的情况和现状，有时也会吐槽一些事情，对此培育方需要适时聚焦沟通内容，避免出现与组织成员谈论是非的现象，而给组织制造出矛盾的风险。

四是避免“被成为”组织成员。通过陪伴助力的方式，培育方与社区社会组织的互动会更频繁，信任关系也会越来越强，有时会出现社区社会组织将培育方当作组织的内部成员，出现培育方“被成为”组织成员的现象。此时需要培育方具有相对的敏感度，能够理解社区社会组织的言外之意，并及时进行身份澄清，委婉说明培育方的工作与职责以及陪伴助力的作用等内容。

3. 持久性

陪伴助力并非是一朝一夕的，而是一个长期的、持续的过程。对于社区社会组织而言，熟悉培育方需要一定的时间，对培育方的认可和信任也需要一定时间，而一旦形成了信任关系后，才会更容易进行培力赋能。因此培育方需要保持一种持久性的陪伴，甚至当社区社会组织已经可以独立运行后，不再需要更多的培力赋能时，也仍然需要培育方继续进行陪伴助力，这也是在培育社区社会组织后期“扶上马、送一程”的具体体现。陪伴是双向互动的过程，正如“陪伴是最长情的告白”，只有将心比心，社区社会组织才会对培育方具有信任感，而培育方的工作也才会对社区社会组织的成长发展具有价值和意义。

二、陪伴助力的“线下”实务方法

（一）“线下”陪伴助力的作用及适用范围

“线下”陪伴助力的方式可以通过观察社区社会组织行为发现组织成

员间的关系结构，并挖掘出组织的真实需求。同时也可以通过培育方与社区社会组织的互动，增强双方的信任关系和工作关系。

“线下”陪伴助力的方式适用于培育方与社区社会组织直接进行的互动交流，例如培育方追踪社区社会组织的活动，无论是自主活动还是非自主性活动；再如培育方参加社区社会组织的各类会议，无论是内部会议或是全体会议；又如培育方与社区社会组织的交流互动，无论是闲聊或是进行访谈。

（二）“线下”陪伴助力的实务流程

培育方在进行社区社会组织活动追踪或是参加组织的会议时，通常包括追踪前、追踪中以及追踪后三个阶段。访谈交流的实务流程可以参考前期的调研章节，此处不再赘述。

1. 追踪前

培育方在进行陪伴助力之前，需要提前了解各社区社会组织的活动规律以及每周活动的频次，基本上大部分的社区社会组织在种子萌芽阶段均已具备了常态化自主活动的能力，每周均会有固定的活动时间和活动地点。即使处于育种阶段的组织，也会在设计方案中体现出每月的计划时间及计划内容。因此培育方在追踪组织活动或会议前，提前做好陪伴助力的准备。

当培育方确定要参加的活动或会议后，为了表示对社区社会组织的尊重，建议培育方提前跟社区社会组织负责人或核心成员沟通说明希望追踪活动的意愿，并在征得组织的同意后再参加组织的活动。在活动即将举办的前一天，培育方需要再与组织成员确认活动的时间地点是否有变化。由于在社区里举办活动，临时发生变化的概率会比较大，例如场地被占用，或是因天气原因而临时调整或取消活动，或是其他不可控因素的影响，都会导致社区社会组织的活动无法按期举办。因此，培育方在追踪活动前需要提前确认好活动是否正常开展以及活动时间和地点等信息。

2. 追踪中

在活动当天，建议培育方提前半小时到达活动场地。由于社区社会组织需要提前到会场进行签到或是检查设备及场地布置等工作，因此培育方可以观察到组织在活动前的筹备分工，并观察和记录组织成员的分工情况。通常情况下，较大型的活动，组织成员会提前一天或半天进行场地布置，举办活动当天还会补充一些物资；较小型的活动，组织成员会在活动当天布置场地。此时可以观察到组织的活动是自主活动还是非自主活动、组织成员之间的分工与合作的情况、组织管理的情况以及活动现场布置的情况。

随着活动正式开始日期的临近，培育方可以观察组织成员的现场位置以及分工情况，谁负责签到、谁负责调试设备、谁负责召集队员、谁负责安排引导、谁负责维持秩序、谁负责活动主持、谁负责接待嘉宾或领导等。同时也能够近距离观察组织成员与场地管理方的互动过程。此时也会因为参会人数较多而发生秩序混乱的情况，培育方可以观察组织成员之间的相互合作情况、组织控场的能力以及是否能够准时开始活动。

活动开始后，培育方需要观察活动的流程和内容，如果提前有组织的计划和议程，也可以进行比照。同时注意观察组织成员的分工是否有调整，每位成员负责哪项工作，从而可以看出社区社会组织的活动安排是否合理、活动筹备是否充分、活动实施过程是否规范且流畅、活动效果或目标是否能够实现、参会人员是不是组织的服务对象等情况。另外，如有活动经费申请的情况时，培育方还需要观察活动经费是否按照计划进行使用，例如服化道的数量、物资是否签领、外部专家是否签字等。

在活动结束后，培育方也可以进一步观察队员们的分工和合作的情况、参会人员退场是否有序或有引导者、是否自觉打扫或恢复会场、是否与场地管理方保持良好的沟通并做下一次活动的说明等。有时社区社会组织成员还会在活动结束后开内部总结会，梳理和总结本次活动的不足之处。

在活动过程中，培育方需要注意沟通和互动技巧。例如在组织的常规活动中，尤其是参会人数不太多的情况下，培育方如果只是观察者的角色会显得较为突兀，更有监督组织活动之嫌。因此，培育方可以根据自身的特长或优势，或帮忙拍照，或一起参与组织的活动，避免因培育方在场而影响组织活动的正常进行。

3. 追踪后

培育方在追踪组织活动或会议后，需要及时进行追踪记录，并将追踪感受第一时间记录下来，为后期精准的培力赋能做好基础工作。

培育方在"线下"陪伴助力的过程中所使用的表单工具包括《社区社会组织追踪及观察记录表》《社区社会组织陪伴助力一览表》以及《社区社会组织信息汇总表》，将在下一小节进行重点说明。

（三）"线下"陪伴助力的工具包及使用方法

培力赋能工具包的使用主体均为社区社会组织，培育方需要在培力赋能的过程中辅导社区社会组织通过学会使用这些工具从而提升组织管理能力、项目管理能力以及资金管理等能力。但在陪伴助力过程中，工具包的使用主体均为培育方，目的是通过这些工具表单，更加详细清晰地了解社区社会组织的需求和问题，并且对社区社会组织的成长发展进行实时记录。

1. 社区社会组织追踪及观察记录表

培育方在社区社会组织的活动或会议追踪结束后，使用《社区社会组织追踪及观察记录表》（以下简称"追踪表"），将追踪的情况、过程以及思考及时记录下来，便于后期对该社区社会组织进行培力赋能，发扬组织的优势和特长，弥补组织的短板和不足。

"追踪表"共分为四部分，包括"追踪的基本情况""现场活动的情况""培育方追踪后的思考"以及"其他资料"（见图 5-1）。

第一，“追踪的基本情况”可以体现出组织名称、组织所属的社区、追踪的时间地点以及时长等信息。其中追踪的类型包括“线下”陪伴助力的各种方式，如活动追踪、与组织进行的访谈，以及培育方开展的其他陪伴助力形式。

第二，“现场活动的情况”可以体现出活动的名称、参会人员情况、活动的目标及流程等内容。其中也可以通过追踪观察出是不是组织项目方案中原计划的活动，或是不是组织自主开展的活动。参会人员情况可以反映出组织成员的情况及人数，以及受益群体（服务对象）的特征及人数。将活动的流程及内容进行记录，可以反映出社区社会组织活动实施的实际情况。活动现场的代表性照片仅仅包括一张大合影、一张带有主题内容的近景图以及一张签到表即可，培育方在现场拍摄的其他照片和视频等资料均可以单独建立文件夹进行保存。

第三，“培育方追踪后的思考”包括对活动的评价和优化建议、培育方的感受、对组织的需求和问题的思考、对后期培育该组织的思考等内容。以上这些思考并非需要在现场就直接告诉社区社会组织，避免在活动过程中的指导影响组织活动的正常开展，而是先将个人的观察和思考记录下来，待培育方内部沟通和讨论之后，再转化为培力赋能的内容。

第四，“其他资料”包括与组织成员的访谈或交流情况记录、与活动相关的其他资料，或通过查询补充的背景资料和相关政策资料，以及追踪者个人的田野日志等资料。

需要说明的是，有时候陪伴助力只是与社区社会组织成员进行访谈，也同样可以使用此工具表单，只需要将无关部分删除即可使用。

2. 社区社会组织陪伴助力一览表

《社区社会组织陪伴助力一览表》（以下简称“一览表”）目的是记录培育方陪伴助力的情况，并将《社区社会组织追踪及观察记录表》的关键信息转化为表单，便于统计和查询。

“一览表”主要包括组织名称、发展阶段（例如育种阶段、种子萌芽

社区社会组织追踪及观察记录表

（适用于陪伴助力时使用）

第一部分　基本情况			
组织名称		所属社区	
追踪日期		追踪地点	
追踪起止时间		追踪人姓名	
追踪类型	□活动追踪　□组织访谈　□其他：______ 备注：此处使用符号进行表示，如“☑”，请勿使用底色标注。		
第二部分　活动情况			
活动名称		是否属于方案计划内活动：□是　□否	
活动总人数		是否属于组织的自主活动：□是　□否	
参与活动的组织成员的姓名及人数	（人数：　）		
参与活动的服务对象的特征及人数	（人数：　）		
活动目标			
活动流程及内容记录			
活动现场的代表性照片	（注：一张大合影、一张带主题近景照、一张签到表）		

第三部分　追踪思考	
追踪人对本活动的评价及优化建议	*优点： *不足： *活动优化建议：
追踪过程及个人感受	
社区社会组织的需求与问题	
追踪人对社区社会组织后期培育的想法	
第四部分　其他资料	
附件部分	（1. 访谈记录；2. 查询到的二手资料；3. 相关政策；4. 个人田野日志）

备注：活动现场追踪人所拍摄的全部照片及视频，请单独建立文件夹进行保存。

图 5-1　社区社会组织追踪及观察记录表单样表

阶段、小苗阶段、成树阶段等）、追踪的日期与时段，活动的名称、内容以及总人数，参与活动的组织成员情况以及追踪人情况等关键信息（见图5-2）。

3. 社区社会组织信息汇总表

通过陪伴助力的过程，培育方更能够清晰准确地掌握社区社会组织的基本情况，《社区社会组织信息汇总表》（以下简称“汇总表”）的作用是将区域内的组织情况进行整合，并将组织的关键信息进行汇总便于统计和查询。“汇总表”中组织的关键信息包括组织名称、所属社区、组织的成立时间、组织的类型（按活动内容及登记情况）、组织规模及负责人情况、组织的服务对象以及组织的发展阶段等内容。其中组织编号可以根据街道（乡镇）—社区—组织名称等信息进行命名。组织类型中按活动内容

社区社会组织陪伴助力一览表											
序号	追踪时间		组织名称	组织发展阶段	所属社区	追踪类型	活动名称	活动内容	活动总人数	组织成员	追踪人
	日期	起止时间									
01											
02											
03											
04											
05											

图 5-2　社区社会组织陪伴助力一览表样表

共分为九类，包括兴趣类、教育类、环保类、服务类、互助类、自治类、慈善类、支持类以及维权类；组织类型中按登记情况共分为三类，包括已登记、已备案但未登记、未登记也未备案。同时对于组织的具体活动内容和登记时间也可以进行统计。组织的服务对象可以简要注明服务对象的基本特征，例如高龄独居空巢老人、精神残障群体等，以及服务对象的具体人数等内容（见图 5-3）。

社区社会组织信息汇总表																	
组织编号	组织名称	所属社区	组织成立时间	组织类型				组织规模			组织负责人		组织服务对象		组织发展阶段
				按活动内容		按登记情况									
				类型	活动具体内容	类型	登记时间	管理层人数	核心层人数	总人数	姓名	联系方式	服务对象基本特征	服务对象人数	
如：DSLBS001															
如：DSLBS002															
如：DSLBS003															
如：DSLBS004															
如：DSLBS005															

图 5-3　社区社会组织信息汇总样表

三、陪伴助力的“线上”实务方法

（一）“线上”陪伴助力的作用及前提

除了面对面的“线下”陪伴助力的方式外，采用微信群、QQ 群等网络媒介也可以进行陪伴助力。

1. “线上”陪伴助力方式的作用

采用“线上”电子网络式的陪伴助力的作用主要有三个方面。

第一，能够与社区社会组织实时互动。社区社会组织成员之间互动交流的方式已经从单一的“线下”互动转变为“线上”与“线下”相结合的互动方式。为了能够更清晰准确地了解社区社会组织的动态情况，培育方也需要将原有的“线下”陪伴助力的方式调整为“线上”与“线下”相结合的方式，例如增加微信私聊和微信群聊陪伴助力的方式，培育方能够随时在线上进行互动交流。

第二，能够提高陪伴助力的工作效率。随着所培育的社区社会组织数量增加，培育方进行“线下”陪伴助力的人力、时间等成本将会成倍增加。面对“线下”陪伴助力效率有限的问题，对于发展相对稳定的社区社会组织而言，培育方可以采用“线上”观察的方式进行陪伴助力，达到事半功倍的效果。

第三，能够降低外部环境不确定性带来的风险。外部环境的不确定性增加了培育方“线下”陪伴助力的难度，采用“线上”与“线下”相结合的方式，可以提升陪伴助力的适用环境。例如在疫情期间，在“线下”陪伴难以继续的情况下，已经建立了“线上”陪伴助力体系的地区则可以避免中断陪伴的过程。

2. “线上”陪伴助力方式的前提

“线上”陪伴助力的方式有两个前提：第一是以社区社会组织有意愿

进行陪伴助力为前提，第二是以培育方与社区社会组织之间建立了信任关系为前提。

第一，社区社会组织的自愿性。陪伴助力依然是培育的一种方式，与培力赋能相似，也是根据社区社会组织有意愿进行培育为基础，否则如果只是培育方的一厢情愿，无法达到培育的目的。

第二，基于双方的信任关系。对于社区社会组织而言，能够认可培育方并愿意接受培育之后，才会将培育方邀请进组织内部的群聊，展示组织成员之间最真实的互动过程。如果培育方暂未取得社区社会组织的信任，社区社会组织通常不会自愿邀请培育方加入组织内部群聊。即使因为各种原因，邀请培育方入群，培育方也难以加入组织真正活跃的群聊中，依然无法有效进行“线上”的陪伴助力。

（二）“线上”陪伴助力的实务流程

“线上”陪伴助力的实务方法包括两种：第一种是培育方通过与社区社会组织成员的微信私信、QQ 私信、短信、邮件、电话等非面对面沟通的方式，了解组织发展的动态信息，及时与组织成员保持互动和交流。在社区社会组织需要培育方支持的时候，培育方可以及时陪伴在组织身边，或进行倾听，或进行解惑，实现陪伴助力的效果。第二种是培育方通过加入社区社会组织内部的微信群聊或 QQ 群聊的方式，及时与组织保持互动，鼓励组织取得的小成就和小进步。随时了解组织的需求，当组织需要培育方时，可以随时找到培育方，实现陪伴助力的效果。

在以上两种方法中，第一种方法需要培育方能够具有细心和耐心，随时关注社区社会组织成员的信息即可。而第二种方法由于涉及培育方与社区社会组织建立线上关系的内容，因此以下小节将重点说明此种实务方法的操作流程，并以微信群聊作为场景加以说明。

以加入组织内部微信群聊的方式实时观察社区社会组织的动态信息，这些动态信息包括文本信息、图片信息、语音信息、视频信息、网页信息、动画表情、系统消息、名片信息八种类型。其中文本信息是最为明确、清晰、有效的信息类型，可以作为重点关注的内容。

通常培育方进行“线上”陪伴助力的实务流程包括：第一是加入或协助建立微信群聊，第二是实时互动与观察，第三是整理关键信息转化为培力赋能内容。

1. 培育方加入或协助组织建立微信群聊

由于区域内社区社会组织成员的结构不同，有些组织已经自行建立了内部微信群聊，有的组织还未建立或不会使用群聊功能，此时培育方建立和加入微信群聊的方式有两种。

第一种是对于已建立内部微信群聊的社区社会组织，基于培育方与其建立的信任关系，由社区社会组织负责人邀请培育方入群。

第二种是对于尚未建立微信群聊的社区社会组织，培育方以组织的自愿性为原则，对有意愿建立微信群聊的组织进行引导和辅导，助力其建立微信群。此时将会出现两种情况，一是组织成员能够熟练操作微信群聊的各种功能，并且群主是组织成员；二是组织成员由于年龄或特殊原因，暂时无法熟练掌握微信群的各种功能，可以由培育方作为群主代为建立微信群。对于培育方代为建立微信群的情况，需要培育方在社区社会组织对微信群的使用和操作方法熟悉之后，将群主身份交由社区社会组织负责人或核心成员进行管理。不论哪一种方式建立的组织内部微信群，群聊负责人和管理者的角色都是社区社会组织成员，而非组织外部的人员。

此时还需要注意一个问题，即同一个社区社会组织将会拥有多个微信群聊，因此培育方需要注意区分所加入的组织内部群聊的功能，避免片面了解组织动态信息。通常情况下，同一个社区社会组织拥有多个微信群的情况有以下三种：

一是由于群功能的定位不同而建立多个微信群。有的组织会分为工作群、兴趣群等多个微信群。

二是由于组织内部分工的原因而建立多个微信群。有的组织会成立一个总群，同时还会建立一个核心群，对于沟通和讨论的范围进行有效区分。

三是由于组织下设小分队而建立多个微信群。有的社区组织会建立一个总群，再建立若干个小分队群，便于工作的讨论和实施。

而微信群成员的身份也会根据以上不同的功能划分而有所不同。一般来说，每个社区社会组织都会建立一个总群，群成员是社区社会组织的全部成员。如果是核心群，群成员则为社区社会组织的核心成员。如果是分队群，群成员则为该小分队的组织成员。按群功能不同而成立的群，工作群为全体组织成员，而兴趣群为对此功能感兴趣的组织成员，并非全部组织成员。

2. 实时互动与观察

社区社会组织的微信群主要有五种功能：第一是发布活动或会议的通知提示；第二是发布活动的信息和照片；第三是发表个人参与活动的感受；第四是成员间交流互动的平台，例如点赞或是报名接龙；第五是日常的早起问安以及转发分享链接。

培育方加入社区社会组织内部微信群之后，建议首先向群成员介绍自己的身份和角色，以及加入群聊的目的，注意修改群名片，便于组织成员随时可以找到培育方。培育方在微信群中更多扮演观察者、鼓励者等角色，微信群的主体还是社区社会组织的成员。因此培育方需要注意发言的技巧，例如组织成员发表了个人的思考和感受，培育方可以先观察其他组织成员的反馈，再作出回应。对于组织成员间的讨论，培育方尽量以观察为主，建议不要随意发表自己的态度和看法，避免干扰组织成员的判断。培育方定期可以对社区社会组织的微信群做数据和信息的整理工作，通过观察组织微信群的动态变化，可以掌握组织发展变化的情况。

社区社会组织微信群的发言频次和频率通常会具有一定的规律。例如组织活动有旺季和淡季之分，组织内部微信群的发言频次和频率将会呈现相应的变化，活动旺季的时候发言会相对频繁，而活动淡季的时候发言会相对稀疏。当组织的微信群非常活跃的时候，培育方需要观察组织成员所讨论的内容是否与组织近期的活动有关，还是在讨论其他内容，由此可以判断出组织近期的工作重点或发展方向。当组织的微信群呈现僵尸状态时，需要培育方及时观察组织线下活动是否正常，组织是否遇到困难或问题，是否需要培育方的介入，还是组织因为某种原因建立了新的微信群。

大部分的社区社会组织会将微信群作为组织内部线上联络和沟通的工具，也会对微信群进行管理。例如有些组织会有自己的群管理规范，并且有的微信群管理相对比较严格，会提醒违反群规的成员撤回信息或是不再发布与微信群无关的消息。同时也可以观察管理组织内部微信群的组织成员是何种身份，一般是组织负责人作为群主进行管理，有些组织则是核心成员作为群管理员专门负责微信群的管理工作。通过观察，培育方也能够了解组织成员之间的分工和角色，以及成员之间的互动情况。

3. 整理关键信息转化为培力赋能内容

培育方对于社区社会组织内部群聊信息的观察通过工具表单进行定期整理，可以将所发现的问题转化为培力赋能的内容。例如社区社会组织通过使用微信群聊发现信息杂乱，需要通过共议的方式建立群规。如果组织有需求，培育方可以增加如何建立微信群规的培力赋能工作坊。除此以外，也可以将所发现的亮点做梳理，看是否有可能设计成为新的培力赋能内容。例如社区社会组织可以通过微信群管理组织内部事务，线上进行分工或线上讨论活动设计方案，培育方可以在了解背后的原因后，设计出“线上”培力赋能工作坊。

（三）“线上”陪伴助力的工具包及使用方法

“线上”陪伴助力的工具表单包括社区社会组织微信群聊情况表及统计表，能够协助培育方对组织内部群聊情况进行及时记录和整理。

1. 社区社会组织微信群聊情况表

此表单目的是记录区域内所有社区社会组织群聊的情况，包括组织数量、群聊的名称、群主、群成员人数情况、群发言情况等（见图5-4）。

社区社会组织微信群聊情况表（ 年 月 日）

序号	组织编号	组织总量	培育组织数量	组织名称	组织发展阶段	所属社区	微群基本情况		微群人数变化表		最后留言日期	微群总数	是否活跃	备注
							群名称	群主姓名	上期群人数（年月日）	本期群人数（年月日）				
001	XXX	1	1	XXX	XXX	XXX	XXX	XXX	10	10	XXX	1	0	同一组织两个微群
002	——	0	0	——	——	——	XXX	XXX	20	25	XXX	1	1	
003	XXX	1	1	XXX	XXX	XXX	XXX	XXX	——	——	XXX	——	——	群聊解散
004	——	0	0	——	——	——	XXX	XXX	20	20	XXX	1	1	同一组织的活跃群聊
005	XXX	1	0	XXX	XXX	XXX	XXX	XXX	15	14	XXX	1	1	尚未进行培育
合计		3	2						65	69		4	3	

图 5-4 社区社会组织微信群聊情况表（样表）

以上样表简单列举了三种情况。第一是同一组织拥有多个微信群的情况。并非所有微信群都活跃，此时可以通过备注区分每一个微信群的功能，如表中“001”和“002”。第二是对于组织内部微信群出现变化的情况，例如移群的情况，需要备注原因和新群情况，如表中“003”和“004”。第三是有的组织属于潜在培育的对象，虽然暂未进行培育，但已经与培育方建立良好的关系，可以作为后期培育的对象。对于此种组织和微信群也可以保持关注，并备注其情况，如表中“005”。

2. 社区社会组织微信群聊统计表

对于社区社会组织微信群聊的统计可以采用小程序或 App 的方式，将更为便捷和高效，主要统计的内容可以分为四个部分：第一是组织数量的统计，第二是微信群数量的统计，第三是微信群活跃度的统计，第四是微信群规模的统计。还可以根据统计和分析工具以及方法的完善，逐步增加微信群互动频率及频次的统计分析、群成员互动关系的统计分析，以及微信群线上互动与组织线下活动的关系分析等内容（见图 5-5）。

社区社会组织微信群聊统计表（年　月　日）

统计指标	数字/百分比	单位
（1）社区社会组织总数（第三列合计数字）	3	个
（2）目前培育过的组织数（第四列合计数字）	2	个
（3）曾有社区社会组织微信群（第一列序号合计）	5	个
（4）尚能看到信息的微信群（第十三列合计）	4	个
（5）减少的微信群数（第3~4项）	1	个
（6）活跃群数（发言时间在一周内）	3	个
（7）微信群的活跃度（第4/6项）	75.00%	%
（8）本期微信群总人数（第十一列合计数字）	65	人
（9）上期微信群总人数（第十列合计数字）	69	人
（10）微信群人数的变化量（第8–9项）	4	人

图 5–5　社区社会组织微信群聊统计表（样表）

根据以上样表，第一，可以发现已培育的社区社会组织数量与区域内社区社会组织的总数具有差异，说明还存在着潜在的培育对象，具体的比例可以通过统计表的分析得出。第二，可以发现社区社会组织的微信群数量与社区社会组织数量有差异，可以通过统计数据具体分析微信群的功能及组织内部微信群的管理情况。第三，可以发现现有微信群数量和微信群总数有所差异，说明微信群具有灵活性，以及组织在微信群发生变化时也许会存在变化，提醒培育方多多关注此类组织的发展情况。第四，可以发现不同时期组织内部微信群的活跃度也会有所变化，需要关注组织内部发生的变化。第五，可以发现不同时期微信群的规模有所变化，如果是整体规模大幅调整，需要培育方关注区域内发生的变化，进而分析哪些因素有可能影响到组织的发展。

四、本章小结与思维导图

本章主要内容为培育方对社区社会组织进行的陪伴助力的培育方式，如果说培力赋能是显性的培育方式，则陪伴助力可视为隐性的培育方式。在社区社会组织长期的发展过程中，需要给予组织发展的时间和空间，此时陪伴助力的培育方式则显得尤为重要。同时陪伴助力也为培力赋能提供完善和调整的依据，对于社区社会组织的培育，培力赋能与陪伴助力这两种方式相辅相成、缺一不可。由此可见，陪伴助力的培育方式具有其独特的作用、方式、原则和要点，并且同时具有"线下"和"线上"两种陪伴助力的实务方法。

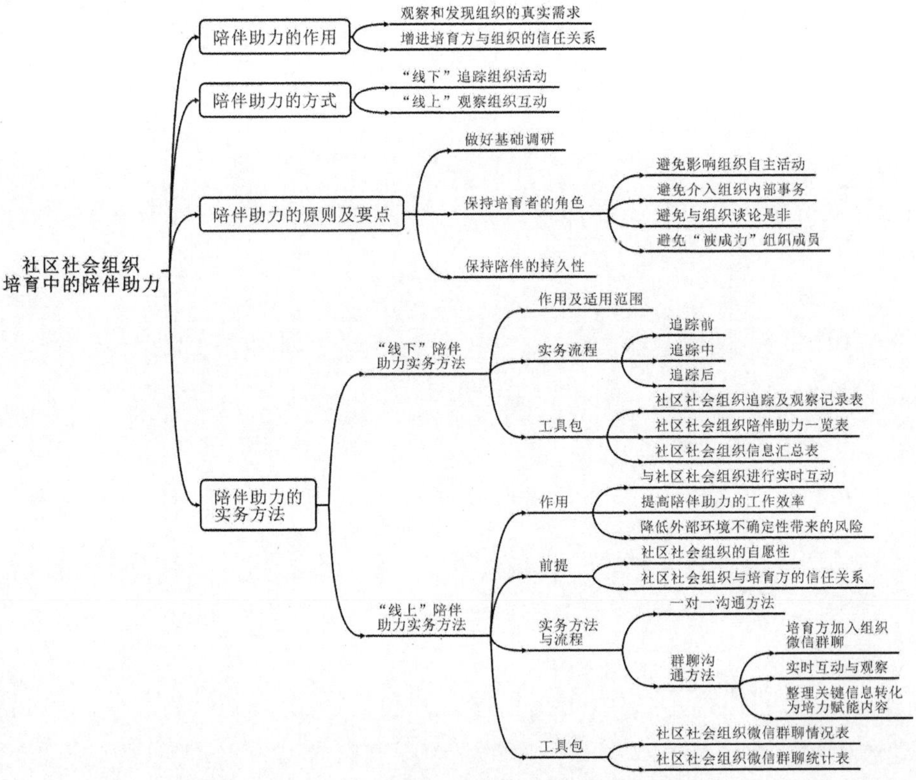

图 5-6　本章结构内容及思维导图

· 第六章 ·

社区社会组织培育后的以评促建

在社区社会组织培育之前，培育方通常会采用调研方式来掌握组织的基线数据与组织的现实状况；在经过一段时间的组织培育后，培育方将会采用评估的方式了解组织是否发生了变化、是否出现了新的需求以及是否需要对培育计划进行调整。对于培育后的社区社会组织所进行的阶段性评估，不仅可以了解组织的现状，同时也可以检验培育的效果，有助于培育方及时发现组织需求并优化培育方案。本章将在以评促建的目的及原则的基础上，分析 360 度评估及大数据评估这两种社区社会组织的评估方法。

一、社区社会组织评估的目的及原则

社区社会组织的评估是多个相关方对该组织评估的综合情况，评估的内容包括组织自我管理的程度、组织自主项目运营情况及所产生的社会效应、项目资金是否能够规范合理使用的情况等方面。社区社会组织评估的目的并非是为了评分或排名，而是通过评估达到以评促建的目的，了解组织阶段性的发展情况，聚焦组织痛点及需求，提供更有效的培力及陪伴支持，提升社区社会组织的自主运营和自我造血的能力，发挥组织在社区治理中的功能与作用。

（一）社区社会组织评估的目的

社区社会组织以评促建的目的具体体现在三方面。

第一，从社区社会组织的角度来看，社区社会组织通过评估过程能够了解自己组织的不足，也能够看到其他组织的优势，并且通过评估可以搭建组织间相互交流和共享的平台；与此同时，社区社会组织也能够通过评估发现自己组织的优势，并且逐渐扩大和发扬优势，有助于组织筹集到更多发展过程中所需的资源。

第二，从培育方的角度来看，通过评估过程培育方可以更为客观地了解社区社会组织的发展现状，并且设计和优化社区社会组织的培育体系。

第三，从其他相关方的角度来看，可以通过评估结果看到社区社会组织的发展潜力，并且提供给组织更多的助力和支持，促进社区社会组织生长和发展的生态环境更加繁盛。

对于社区社会组织而言，评估对象即为社区社会组织，范围可以包括正在培育的组织、尚未进行培育的组织或是曾经进行过培育的组织。而评估方则是除了被评估的组织以外所有的相关方，例如评估对象是 A 社区社会组织，则评估方可以是 A 组织所提供服务的服务对象、参加 A 组织活动的受益群体，A 组织所在的街道（乡镇）、社区两委、驻区单位、其他社区社会组织，A 组织的培育方、外部专业社会组织、枢纽型社会组织等，即所有与 A 组织有关系的各个相关方。而在众多的评估方中，A 组织的服务对象或受益群体是最为重要的评估方。

（二）社区社会组织评估的原则

在社区社会组织的评估过程中需要坚持以下三个原则。

一是坚持以评促建的原则，鼓励社区社会组织更好地发展，避免打击组织的积极性。建立组织的评估体系和奖励机制，避免“平均主义”，例如每个社区每年都需要有一个组织获得奖励；避免“轮流坐庄”的现象，例如每年轮换几个获得奖励的组织，以上几种形式都会不同程度打击组织的积极性。可以在区域内通过设置多种不同类别的奖项，鼓励所有进步或发展的组织，例如设置“最佳管理”“最佳服务”“最佳活动设计”“最佳口碑”“最佳合作”等多维度的奖项或品牌，目的在于促进组织正向发展，奖项维度越丰富，获奖组织范围越大，促进组织发展的方向就越多元，越能够起到百花齐放的作用和效果。

二是坚持以多元主体参与评估的 360 度评估方式，全面系统地对社区社会组织进行客观分析。360 度评估包括组织自评、服务对象评估、组织间同侪互评以及外部专家评估等维度，其中外部专家维度既可以包括各领域的专家代表，又可以包括所在街道（乡镇）、社区两委、外部专业社会组织、内部枢纽型社会组织等多个培育方。

三是坚持评估的时效性、操作的便捷性以及过程的持久性。首先，社区社会组织的评估过程是实时进行的，由于评估是在社区社会组织的行动中展开的，因此最为有效的评估是具有时效性特征的。另外，社区社会组织在成长过程中的变化时快时慢，既有可能出现明显的发展变化，也有可能出现消亡的情况，因此坚持评估的时效性有助于提高社区社会组织评估的准确性。其次，社区社会组织最为关键且重要的评估方来自社区居民，而社区居民的结构又会呈现出多元化的特征，因此简化评估的流程、降低评估操作的难度就显得尤为重要。最后，培育社区社会组织是一个长期的过程，相应地对于社区社会组织的评估也是一个持续性的过程，即使对于培育之后可以独立运行的社区社会组织，依然需要对其有实时的、持久的评估，才会更好地陪伴助力其发展。

二、社区社会组织以评促建的实务方法

（一）社区社会组织的 360 度评估方法

360 度评估方法是借鉴了用于人力资源管理领域的 360 度反馈评价（360-degree feedback assessment）方法，也称为多评价者评估（multirater-assessment）、全方位评价（fullcircleappraisal）或多源反馈系统（multi-source feedback，MSF）。在企业管理过程中，360 度评价是针对特定的人，以包含被评者在内的多位评价者来进行评定，即根据当事人的领导行为或管理能力，由员工自己、上司、直接下属、同事以及外部顾客等进行全方位的评定，并在评价之后给予反馈（吴三清 等，2003）。360 度反馈评价由于对同一评价方从多个角度进行观察，将会得出更有效和更可靠的结

果。同时360度反馈评价如同一面“镜子”，能使个体从中发现自我、调整自我，当自我意识改变了，其行为也将发生改变（时雨 等，2002）。

1. 社区社会组织360度评估的整体设计思路

采用360度评估方法希望可以多角度、全方位对社区社会组织及其活动进行反馈评价，目的是将以往的单一评价主体（例如外部专家）以及定时、定点的评估过程，改变为多评价方的实时反馈评价过程，更为完整地展现社区社会组织的组织状态及活动情况。在360度反馈评价的基础上，对社区社会组织的360度评估体系进行了评估维度的调整，将评估对象调整为社区社会组织，即集合体而非个体；评估维度调整为组织自评（90度）、组织间互评（180度）、外部专家评估（270度）（此维度包括外部各相关领域专家，例如项目专家、财务专家以及组织专家等，街道或社区工作人员，相关的驻区单位，培育方、外部专业社会组织或枢纽型社会组织等）以及服务对象评估（360度）。

为了避免传统评估方法带来的实施流程复杂、评估成本较高、评估对象行为不确定性等问题，360度评估可以采用App或小程序等形式，使评估方在手机上即可进行操作，由电子系统实时进行数据统计和数据分析。

2. 社区社会组织的服务对象评估

在社区社会组织服务对象评估的维度中，评估对象是社区社会组织，评估人是社区社会组织所开展服务活动的受益对象，通常为本地区的社区居民。

（1）评估目的。服务对象评估的目的在于从服务对象的角度客观评价社区社会组织的服务活动是否符合其需求，通过服务对象对社区社会组织的服务活动的评价，可以了解社区社会组织内部管理是否有序、分工合作是否顺畅、组织的服务活动是否能够继续开展下去。

（2）评估实务。通常情况下，服务对象与社区社会组织产生互动的场景在于服务对象参加社区社会组织举办的服务活动，因此服务对象对社区社会组织的评估往往基于参加活动之后的收获与感受。服务对象评估维度较适宜的评估时间为活动结束后，服务对象对本次社区社会组织举办的服务活动情况进行评价，留下服务对象的意见和建议。

此时可以使用纸质版的评估表，或是采用 App 或小程序等方式进行评估，针对不同群体采用适宜的评估方式。纸质版评估表多适用于老年群体，社区社会组织需要提前制作好评估表，在活动结束后，请服务对象对此次活动自愿进行评价。App 或小程序的评估方式则多用于广泛使用智能手机的服务对象，且需要拥有良好网络信号的环境，社区社会组织只需要提供评估的二维码，服务对象在扫描后即可进行在线评估。无论采用哪种评估形式，关键还要看评估人的意愿和能力。

（3）评估内容。服务对象评估维度的内容主要包括社区社会组织自主开展的服务活动是否能够满足服务对象的需求、服务对象对组织所开展的活动是否满意、是否能够吸引服务对象持续性地参加活动等内容。评估结果可以设计为三点量表、五点量表或分值。五点量表的纸质版评价表见图 6-1。

社区社会组织服务活动评价表

<table>
<tr><td>组织名称：</td><td colspan="5">所属社区：</td></tr>
<tr><td>活动名称.</td><td colspan="5">活动时间，</td></tr>
<tr><td>请您对以下问题进行打分（最高分为 5 分）</td><td>1</td><td>2</td><td>3</td><td>4</td><td>5</td></tr>
<tr><td>1. 我喜欢本次活动。</td><td></td><td></td><td></td><td></td><td></td></tr>
<tr><td>2. 我愿意继续参加此类活动。</td><td></td><td></td><td></td><td></td><td></td></tr>
<tr><td>3. 我会把此类活动推荐给家人或朋友。</td><td></td><td></td><td></td><td></td><td></td></tr>
<tr><td colspan="6">您对本次活动的意见和建议？</td></tr>
</table>

图 6-1　社区社会组织服务对象评价样表

飞驰而来。为首一员大将生得虎背熊腰，豹头燕颌，手提长枪，威风凛凛。他骑着一匹洁白无瑕的大白马四蹄生风，长鬃在风中飘拂，雕鞍丝辔熠熠闪光，一面“陶”字帅旗迎风招展。

叛军兵马后队突然发生混乱，惊天动地的呐喊声，刀光剑影，干戈相击。

相互撕裂的军旗，击碎的盾牌。

溅起的血浆，纷呈的尸体。

已无还手之力的李存勖回头一望，只见一员勇不可当的青年将军，率一队为数不多的生力军从西南角杀入阵中，双方的形势顷刻间发生了大逆转。青年将军手执一杆长枪，旋风般的上下左右翻腾，高大的白马驮着他横冲直撞，叛军将士在他的枪下如同砍瓜切菜一般，纷纷落马。

青年将军带着只有几百人的生力军，把叛军兵马冲得七零八落，士兵们呼爹唤娘地四处溃逃。

李存勖抓住时机，立即组织残部反击，一鼓作气把叛军兵马杀得落花流水。

李存勖（也作李存勗）（885—926 年），沙陀族，山西应县人，本为朱邪氏，小名亚子，唐末河东节度使、晋王李克用的长子，五代时期后唐王朝的建立者。唐光启元年（885 年）生于晋阳宫，后梁开平二年（908 年）继晋王位，之后经过多年的征战，北却契丹、南击朱梁、东灭桀燕、西服岐秦，一步一步使得晋国强盛起来，就是死敌朱温都不得不感叹“生子当如李亚子”。同光元年（923 年）四月在魏州（河北大名府）称帝，不久迁都洛阳，国号“唐”，史称后唐，是为后唐庄宗，并于同年十二月灭后梁。

李存勖是战场上的巨人，却是政治上的矮子。称帝后，他认为父仇已报，中原已定，不再进取，开始享乐。他自幼喜欢看戏、演戏，即位后，常常面涂粉墨，穿上戏装，登台表演，不理朝政；并自取艺名为“李天下”。

每个服务对象都可以匿名对社区社会组织的服务活动进行评估，评估表包括三部分，即基本信息、客观评分和主观评价等。

其中基本信息包括组织名称、组织所属社区、活动名称以及活动时间等内容。

客观评分包括三个小问题，属于逐题递进式的问题，首先判断服务对象对此次活动是否满意，其次判断服务对象对此类活动是否具有需求，最后判断此类服务活动是否具有可持续性的条件。每个小问题均采用五点量表，按最高分 5 分计算。建议设计评分结果时，保持标准的统一性，便于后期整体核算。例如统计出每位服务对象对每次服务活动的评分均值，最终服务对象对该组织所有活动的评分将是一个均值不超过 5 分的分数。

主观评价根据服务对象意愿自愿填写，主要目的是反馈服务对象对本次活动的意见，或是对本次活动的建议，便于后期社区社会组织对服务活动进行调整和优化。

3. 社区社会组织的自我评估

社区社会组织的自我评估是定期对组织的自我管理、活动开展、资金使用以及资源筹集等情况开展集体讨论以及自我评价的过程。社区社会组织自我评估维度的评估人和评估对象都是社区社会组织自身。

（1）评估目的。通过社区社会组织的自我评估，首先是对一定周期内组织自身情况的集体回顾，通过自我评估的方式达成组织内部的集体共识；其次是促进组织内部集体思考组织自身的优势和不足，以及后期组织努力和发展的方向；最后是通过组织内部的客观评价，让组织外部的相关方了解组织的想法和需求。

（2）评估实务。社区社会组织自我评估通常以集体讨论的形式开展，评分不是最终的目的，组织内部达成未来发展的共识才是最为关键的。组织开展自我评估的周期建议不超过 6 个月，6 个月内组织自行决定自评的周期，定期开展自我评估即可。组织自我评估可以在组织内部会议上讨论，也可以单独组织自评会，可以依据组织自身情况自行决定。组织自评可以使用纸质版评估表，也可以采用电子评估系统，可以根据组织自身情况采用适宜的评估工具。

（3）评估内容。社区社会组织自我评估的内容围绕着组织内部管理、组织活动设计与实施、活动资金的预算编制及使用情况、外部资源筹集渠道等方面进行讨论。纸质版自评表见图 6–2。

社区社会组织自我评估表

组织名称：　　所属社区：　　评估时间：					
请根据以下问题进行打分（最高分为 5 分）	1	2	3	4	5
1. 组织内部核心团队成员和组织总人数均比较稳定，组织成员之间能够共同协商组织的内部事务，已经制定了组织内部管理规范和微群群规。					
2. 能够独立设计社区公益服务活动，并按照计划自主开展服务活动，活动能够满足服务对象的需求，并获得服务对象的好评。					
3. 能够合法合规地编制社区服务活动的资金预算，并规范使用活动资金，按时整理票据资料，能够按规范调整活动资金的使用用途。					
4. 能够自主宣传服务活动信息，积极筹集外部资源（含资金），保障组织服务活动的持续开展。					
请讨论组织目前的优势和不足、机遇与挑战都有哪些？					

图 6–2　社区社会组织自我评估样表

社区社会组织的自我评估表分为三部分，包括基本信息、客观评分、主观评价等内容。

其中客观评分包括了组织内部管理情况（如组织的参与者是否稳定、组织内部合作分工是否顺畅、组织自治理机制是否建立等）、组织活动设计与实施情况（如是否可以独立设计并实施服务活动、是否能够满足服务对象的需求并获得好评等）、活动资金使用情况（如预算编制是否合规、使用和调整资金是否规范等）、外部资源筹集情况（如是否能够独立进行活动宣传及自主筹资等），每个小问题依然是五点量表打分形式，最高分为5分。当社区社会组织定期对组织自评表打分之后，最终核算每次打分的均分，会得到一个组织自评的均值不超过5分的分值，便于与其他评估维度一并核算。

主观评价部分包括了SWOT分析的内容，分别是现阶段组织的优势、组织的不足、组织面临的外部机遇、组织面对的外部挑战等内容，帮助组织进行梳理并对下一阶段组织发展具有相对清晰的思路。

4. 社区社会组织的同侪互评

社区社会组织的同侪互评是在社区社会组织之间进行互相评价和打分的评估方法。同侪互评的评分对象是社区社会组织，评分人则是除了该社区社会组织以外的其他社区社会组织。

（1）评估目的。社区社会组织同侪互评的目的在于促进组织间的交流学习和经验分享，并且通过同侪互评的方式搭建组织之间的信息与资源共享平台，打破传统社区间行政区划范围的界限，形成区域内社区社会组织的共同体。

（2）评估实务。社区社会组织的同侪互评需要搭建组织间经验分享和交流互动的平台，通过社区社会组织之间的分享互动等环节，来了解其他组织所开展服务活动的情况，再根据组织自身的先验经验对其他组织现场所分享的组织活动情况进行打分和评价。开展同侪互评的周期最长不超过半年，期间可以进行若干次的同侪互评过程，例如在小苗阶段的社区民生议题会中，可以采用同侪评估的方式，促进组织间的互动和经验的交流；再如在成树阶段的社区社会组织协商平台上，同样可以采用同侪评估的方式，促进组织间的信息和资源的共享。社区社会组织的同侪评估依然可以采用纸质版或电子系统等不同方式，便于更多社区社会组织能够参与同侪互评的过程。

（3）评估内容。以纸质版同侪互评表为例，社区社会组织的同侪评估包括三个部分：基本信息、客观评分、主观评价（见图6-3）。

社区社会组织同侪互评表

所在的组织名称：					
所评估的组织名称：					
请对以下问题进行打分（最高分为5分）	1	2	3	4	5
1. 我们组织喜欢该组织所设计的社区服务活动。					
2. 我们组织认为该组织实施的活动可以满足服务对象的需求。					
3. 我们组织会借鉴该组织的设计或实施的方法。					
对该组织及其所开展活动的意见和建议？					

图6-3　社区社会组织同侪互评样表

其中基本信息部分需要区分评估对象和评估人，而评估对象和评估人来自不同的社区社会组织，区分清楚能够便于后期对组织同侪互评的统计核算，避免因评估对象和评估人的混淆而影响评估结果的有效性。

客观评分包括三个小问题，分别是作为评估一方的社区社会组织是否喜欢评估对象所设计的服务活动，其服务活动是否能够满足服务对象的需求，以及是否会借鉴该组织活动的内容或实施方法。每个小问题依然是最高 5 分，便于统一核算均值。

主观评价部分是对该组织的活动提出一些建议和意见，有助于双方的交流和学习。

5. 社区社会组织的外部专家评估

社区社会组织的外部专家评估维度是相对于组织自评而言的，组织自评为在组织内部进行自我评估的过程，而组织外部专家评估则是在与组织发展相关的某个领域具有专业性且出现在社区社会组织外部的各个相关方，通过评估人与评估对象即社区社会组织之间进行互动交流的方式，由评估人给予组织更丰富的典型案例与经验分享，从而引导组织开阔思路、尝试创新的评估方式。组织外部专家评估的评估对象依然是社区社会组织，而评估人的范围则相对比较广泛，包括社区社会组织所在的街道（乡镇）、社区两委，以及相关的驻区单位、外部专业社会组织、地区内枢纽型社会组织，还有不同领域（例如组织管理领域、项目管理领域、财务管理领域等）的外部专家或顾问督导等，都可以作为评估人为社区社会组织进行打分和评价。同时评估人根据其所在的领域与专业，除了打分以外，更重要的是通过与社区社会组织的互动与交流过程，为组织行动方案提出可行的意见和建议。

（1）评估目的。组织外部专家评估的目的是让更多相关方了解社区社会组织的现况，同时能够带给社区社会组织更多可借鉴的好经验、好方法，还能够为社区社会组织带来获得更多资源的机会，真正实现以评促建的评估目的。

（2）评估实务。组织外部专家评估与组织同侪评估的实务方法相似，均为通过各种分享及互动的方式，了解社区社会组织所开展的服务活动，同时配合社区社会组织自制的档案资料，根据不同外部专家的相关领域，为社区社会组织以及所开展的服务活动效果进行打分和评价。

（3）评估内容。组织外部专家评估的内容包括三个部分：基本信息、客观评分以及主观评价（见图 6-4）。

社区社会组织外部专家评估表

专家姓名： 评估时间：					
所评估的组织名称： 所属社区：					
请您根据以下问题进行打分（最高分为 5 分）	1	2	3	4	5
1. 组织具备社区居民的主体性，且具有所属地域性特征。					
2. 组织具有稳定的内部结构和组织规模，管理层、核心层、一般层均较为完整。					
3. 组织具有内部管理规范，能够独立处理组织内部事务，已经形成自治理机制。					
4. 组织拥有自身专业技术，且具有非营利性和非政府性特征，并具备社区公共服务的意识和能力。					
5. 组织具有自主设计社区服务活动的意识和能力，并且服务活动能够满足服务对象的需求。					
6. 组织能够按原计划独立开展服务活动，自主推进服务活动顺利完成，并能够达成预期效果及目标。					
7. 组织的社区服务活动具有可持续性、可推广性、可复制性。					
8. 组织能够合法合规地进行活动资金预算编制。					
9. 组织能够规范使用活动资金，并能够及时规范地调整资金使用金额和用途。					
10. 组织具有主动筹集外部资源的意识和能力，能够自主宣传组织活动。					
您对该组织及其所开展活动的意见和建议：					

图 6-4　社区社会组织外部专家评估表

其中基本信息部分需要体现出专家的身份，此时可以不再进行匿名评价，而是需要了解每位评估人的身份和背景，便于后期更好地对社区社会组织进行培力和陪伴，促进组织消化和吸收评估人的建议和意见。

客观评分包括四个维度，分别是组织管理维度、活动设计及实施效果维度、资金管理及使用维度、宣传及资源筹集维度，每个维度分别设计了若干个小问题。例如在组织管理维度设计了组织主体性、组织地域性、组织内部结构和组织规模、组织内部管理规范及自治理机制 4 个小问题，在活动设计与实施效果维度设计了自主设计、独立实施、活动可持续性 3 个小问题，在资金管理及使用维度设计了预算编制和规范使用 2 个小问题，在宣传与资源筹集维度设计了1个小问题。

在主观评价部分体现出组织外部专家评估人对组织以及组织所开展的活动的意见和建议，有助于社区社会组织更好地发展、方案更好地优化。

在组织外部专家评估中，客观评分部分的10个小问题依然可以采用五点量表的打分方式，最终得到一个均值不超过5分的专家评估分数，与其他三个维度再进行均值核算，将得到一个包含了360度评估维度的总分，依然是不超过5分的分数，这个分数将会随着组织的发展而进行动态变化。

（二）社区社会组织的大数据评估方法

大数据评估是将大数据应用技术与社区社会组织评估结合在一起的评估方式，其目的在于解决日常评估的信息不对称问题，即解决社区社会组织日常资料积累以及组织发展过程评估的问题（《社区营造及社区规划工作手册》写作小组，2019）。大数据评估系统的开发和使用，一定程度上能够提高追踪活动的效率，减轻评估过程的人力成本，并且可以将以往单次、单人的评估方式改变为多评估方、实时评估的方式，能够真实客观地反映社区社会组织的发展过程与动态信息，为社区社会组织评估提供客观的数据支持[①]，从而提升评估结果的信度和效度。

目前各地区都在建立区域大数据信息系统，有的系统甚至需要实名制才可使用。在区域大数据信息系统中，可以嵌入社区社会组织的评估系统。评估系统可以将社区社会组织的日常活动记录（如培力赋能体系工具表单）以及360度评估结果进行整合，综合统计社区社会组织的动态变化情况。每个社区社会组织都将会有一个即时分数，能够反映出组织的动态情况，使区域内的各相关方都可以快速了解社区社会组织的现况。

因此在社区社会组织的大数据评估系统中至少可以包含两个模块，即活动记录数据库模块和360度评估模块。其中社区社会组织随时记录下组织的活动，例如组织内部的会议、组织的常规活动、组织举办的大型活动

① 详见由笔者合著的《社区营造及社区规划工作手册》第六章社区自组织评估部分的内容。

或是组织与其他相关方联合举办的活动等。记录的内容包括活动时间、地点、参与人数、活动主题、活动过程及感受等。该模块的功能体现在将以往单人、手写活动资料的方式改变为参与活动的组织成员都可以进行记录的方式，即实现多人在线即时填写，最后通过系统自动生成海报进行分享和宣传，以便让更多居民了解活动情况。

三、本章小结与思维导图

本章基于社区社会组织培育后以评促建的评估目的和原则，详细阐述社区社会组织评估的实务方法，包括多评估维度、多评估人的 360 度评估方法，以及多人、实时、高效的大数据评估方法。

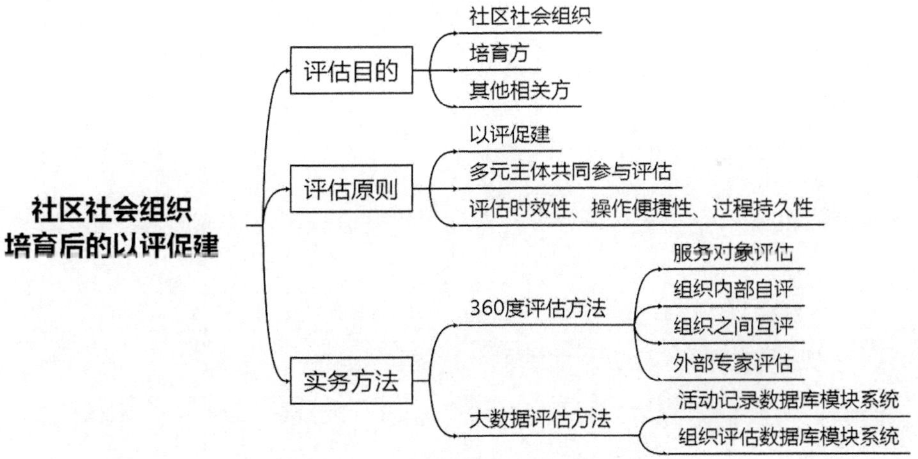

图 6-5　本章结构内容及思维导图

·第七章·

社区社会组织培育的要素与方法论

作为社区治理的重要力量之一，社区社会组织从无到有、从有到优，从个体走向联合、从非正式组织变为正式组织，将会经历一个长期的发展过程。而在培育社区社会组织的过程中，除了组织本身具有生、发、兴、亡的自然规律，培育方的引导方法与助力时机也会影响组织的发展。本章通过失败案例的反思，总结提炼出社区社会组织培育的六要素和三大方法论。

一、从失败案例思考如何培育社区社会组织

培育组织有成功的案例，自然也会有失败的案例。往往失败的案例更能够引发深度的思考和自省。

（一）培育失败案例始末及原因分析

笔者曾经试图助力培育一支街道级导览协会，虽然此想法是由社区能人提出，也得到多个社区社会组织能人的响应，但最终却悄无声息地结束了。

1. 轰轰烈烈的提议却悄无声息地结束

在一次培育社区社会组织的工作坊上，其中一个文化导览组织提出希望让街道内的其他社区社会组织体验一次该组织的导览解说活动，既可以深度了解街道内的历史文化，也可以了解该组织日常的工作内容。建议得到了组织能人的响应，体验活动也如愿进行，体验者均为街道内多个社区的社区社会组织负责人以及核心成员。活动结束后，体验者即社区能人们

提出希望在街道层面能有一个整合各个社区社会组织的导览协会，可以将街道内的社区社会组织的优势结合起来，形成一个文化街区“一日游”的系列导览活动。经此提议后，先后举办了四次街道导览协会策划会，主办方由培育方过渡到了社区能人，并成立了以社区能人为主体的策划组，策划组成员均对导览感兴趣且有一定组织运营经验和规范开展活动的经验。讨论主题分别为导览协会可以做什么、各社区社会组织可以做什么以及组织间如何分工协作等内容。四次策划会讨论内容总结为：第一，街道导览协会需要一个对外的窗口及一个核心团队，由于协会成员均来自各个社区的社区社会组织，因此需要先征得各社区书记的同意。第二，需要有一个可以体现当地历史文化的协会名字、一个合法身份（资格）以及一个执业资质（“资质”）。第三，需要在前期有更多的调研才可以更深入地了解本地的情况，找出当地最重要的或最有吸引力的资源，还需要扩大导览讲解的队伍，挖掘更多新的能人。经过四次导览策划会，培育方一直站在社区社会组织能人身后，根据能人的需要提供支持，例如场地协调等。然而却发现策划会始终停留在讨论阶段，没有实际的分工或行动，也没有某位能人主动愿意负责此协会的推动工作。最终经过了半年时间的讨论，街道导览协会被轰轰烈烈提出，却悄无声息结束。

2. 对案例失败原因的反思

（1）对社区社会组织能人的分析。社区社会组织从最初的积极参与，到后期的只讨论而无行动的变化，是本案例需要重点进行分析的。从社区社会组织最初参与到导览协会的原因出发，主要有以下几方面。

第一，社区社会组织的能人出于好奇心，先来参与和观望。由于街道级导览协会与自己所开展的活动具有相关性，且又是新鲜事物，能人们的热情比较高，希望有自己可以参与的地方，也愿意为此事帮忙和贡献一份力量。

第二，社区社会组织能人均经历过组织自主运营及项目活动独立策划和实施的过程，因此能人们具有一定的专业能力。例如，有的能人具备导览经验，有的能人具备策划能力，还有的能人会撰写项目执行文案等，希望在此事推进的过程中可以施展自己某一方面的能力。

第三，由于每位参与街道级导览协会策划会的社区社会组织能人均有自己所属的社区社会组织，因此对于自己的精力、时间以及社区授权均有顾虑，对于街道级导览协会的介入也会比较慎重。

第四，由于街道级导览协会是属于跨社区范围，因此对于社区社会组织能人来说，对自己在此事中的身份和权力并无清晰认知，导致不敢轻易主张或承接工作任务。

综上四方面，社区社会组织经过多年来与社区两委的关系磨合，对于本社区的事务具有明确的权责和范围的认知，对于组织内部的管理及活动规范化实施也有相应的能力，对与社区社会组织相关的事务表现出高度热情和志愿精神，因此在前期会表现出积极的参与状态。但对于高于社区级的事务没有相关的经验，自身也没有清晰的定位，对于街道内部各个权力主体间关系的处理尚无把握，处于在新事物中对自我身份和能力的怀疑状态，因此在后期会表现出只讨论而无实质行动的现象。

（2）培育方的自我分析。培育方一直处于较为克制的状态，采用非积极主动的方式推动此事，仅仅以陪伴式培力的方式，助力社区社会组织并提供其所需要的支持，坚持助人自助的社会工作价值观，挖掘和引导“谁主张、谁负责”的社区能人或社区社会组织，坚持行动主体为社区社会组织而非培育方，根源于培育方希望最终的受益方是在地的社区社会组织，并且可以实现在地组织自我运转的目标。

培育方认为此次失败缘于急切召开导览策划会，如果先观察这些能人的“主张”声音，看到底是哪一种“动机”，再去跟“稍有行动和想法”的社区能人深入访谈，听听能人们的真实想法和意愿，也许会有能人承担起部分责任。但如果操之过急，会让之前比较积极的能人背负太大的负担和压力，从而出现“打退堂鼓”的现象，导致太早放弃心中的那份“希望之光”。

这次培育组织的“失败”案例，并非培育方经历的首次失败，曾经也经历了一夜之间组织消亡的情况，或是已经具有一定规模的组织停止发育的状况。但此次是在组织萌芽阶段就停滞发展了，也为失败增加了一种不同的感觉，即“同样是失败，但失败与失败的感觉却不同”。变换一种思考方式，以“失败是成功之母”的心态回看整个过程，更能够及时进行反思、梳理、调整和总结。如何迈过心里那道“失败”的门槛，去心甘情愿地接纳它、承认它、直面它和正视它，并不断锤炼自己，其实才是这次失败带给培育方的最大收获。

不论是什么样的社区服务，或是培育组织项目，或是专项服务项目，其实都不是单向的给予，而是双向或多向的共赢，既有培育方给社区社会组织培力赋能、陪伴助力的过程，也有社区社会组织带给培育方思考的过程，更有社区社会组织成员因为接受了这种理念传递给其他组织成员的过程，才会是良性的循环，也会是“自助→助人→助人自助”的逐渐改变的过程。

（二）培育方调整培育方法再出发

培育方在吸取了上一次失败的经验教训后，对街道级导览协会变换了另一种方式，采用“先共事、再共识”的方法，将街道级导览协会转化为多个社区社会组织联合接访的方式进行再次尝试。培育方作为串联多个社区社会组织的联络人起到与参访团对接的作用，社区社会组织则以自愿参与为前提进行联合接访。联合接访的流程则由培育方与多个社区社会组织共同商议并最终确定参访路线和接访环节，并确认每个接访环节中的负责人，实现“多人分段负责”的效果，发挥每个社区社会组织自身的特色。经过多次磨合，搭建出横跨多个社区、联合多个社区社会组织的街道级联合接访组，并与在地社区书记主任取得联合接访的共识。

通过变换了培育的思路调整培育方式，创造“共事”机会从而建立多个社区社会组织之间的强连带，将联合接访的形式固化下来，并形成联合接访核心组，慢慢将现有的串联工作移转给在地社区社会组织，实现在地本土化的街道级导览协会的目标。

（三）通过失败案例思考培育社区社会组织的要素与方法论

社区社会组织的培育方可以是外来专业社会组织，也可以是社区工作者，还可以是驻区单位或商业企业，每一方力量都有自己的优势资源，同时也会带有各自的身份视角。

以外来专业社会组织为例，其更希望通过社会工作理念“用生命影响生命”实现“助人自助”的价值观，培育出内生社会力量，在本社区长久发挥其社会效应。然而作为外部专业社会组织来说，无论在社区里实施何种项目，首先需要考虑的问题是当与本地没有项目合作关系后，能够给当地社区及居民留下些什么。社会组织除了提供服务以外，如何将社会组织的服务传递下去？能够将社会组织的理念、方法、技术通过培育的方式传递给本地社区能人或在地内生组织，待外来专业社会组织不再作为行动主体时，本地社会力量（如社区能人和社区社会组织）能够自主运转并发挥社会效应，才是“助人自助”的具体体现。

同理，社区工作者也会出现换届的情况，驻区单位和商业企业也会具有流动性的问题，如何有效持续发挥其作用，培育本地内生力量是路径之一。具体而言，如何培育在地本土的社区社会组织，培育方需要具备哪些要素与方法论，成为迫切需要思考的问题。

二、社区社会组织培育的六要素

对于培育社区社会组织来说，培育方需要通过陪伴式培力的方式，引导社区社会组织建立其发展所需的内部治理机制，提高组织的管理能力、项目运作能力以及资金规范使用等能力，以便助力组织最终可以自我管理、自我发展、自我运营和自我治理。当培育方撤出的时候，才是检验培育方是否实现了培育效果的时候，即以社区社会组织是否可以自行在社区中发挥作用为培育成功与否的评估指标。培育社区社会组织是一项长期的工作，培育方类似教师或园丁的身份，不论为社区社会组织提供直接培力陪伴或是间接助力支持，培育方都需要坚持“扶上马、送一程”的过程。培育方在培育社区社会组织时所应具备的六大要素如下。

（一）时间要素维度——“耐心”

组织培育是一个长期陪伴式培力的过程，需要培育方耐心等待组织的成长发育。

培育社区社会组织通常需要具备几个要素或条件。第一是事件或时机，即激活组织需要等待一个恰当的时机。例如重大节庆日是一个机会，开展一个社区公益项目也是一个机会，需要培育方具有耐心寻找或等待适宜培育的事件出现。第二是寻找到社区能人。在事件出现后，还需要在恰当的时间遇到合适的伙伴，也就是需要经历挖掘或找到社区能人的过程。第三是长期的陪伴和培力。当社区能人出现后，还需要培育方通过陪伴式培力的方式引导社区能人通过邻里关系或亲朋关系，找到能够与之一起做事的伙伴，逐步形成组织的初级形态，即出现“小团体”的过程。第四是持续性的培育过程。组织从“萌芽”阶段开始，将会经历“种子”“小苗”“成树”等一系列生长发育过程，培育方还需要对组织进行长期的助力支持。当社区社会组织有能力自我运转，并具有健康的生长环境之时，培育方的使命才会最终结束。在此过程中，需要培育方具有极大的耐心。

（二）前提要素维度——“细心”

培育方需要对社区能人和社区社会组织的需求具有准确挖掘和判断的能力，尤其是在社区能人或组织成员含蓄表达自己需求的时候，需要培育方通过其表述洞察其内心的“真需求”。

首先，培育方需要善于观察和发现有意愿提出“主张”并且为之“负责”的社区能人，为这类能人提供助力支持。有些能人希望做社区社会组织的负责人，提供给其做组织的发展空间和环境；有些能人并非愿意做组织负责人，可以推荐其关注或感兴趣的组织，鼓励其主动联系相关组织的负责人，并助力其参与该组织及活动。

其次，培育方需要具有洞察社区社会组织真实需求的能力。有时组织成员会向培育方提出各种需求，例如服化道的需求、场地的需求等，然而在此需求背后，实际上会隐藏着组织成员对资源分配的不满，或借机婉拒培育方组织的活动。有时组织成员会提出时间不足、精力不够等困难，然而实际上是不想参与某些活动。面对以上情况，培育方除了需要具有洞察能人行为背后出现的原因外，还需要坚持以自愿为原则，不强求组织参与某些活动，尊重组织的意愿，建立好与组织之间的信任关系。

最后，培育方还需要坚持“授人以渔”的原则。当洞察到组织发展过程遇到问题时，引导组织自我寻找解决方案，并且引导组织自行寻找支持力量，坚持陪伴而不代办的原则，不断让组织成员有参与的意识，并感受到因参与而带来的成就感，逐渐提升组织自我管理、自我运转的能力。例如，当组织提出有场地的需求时，培育方并非马上为组织联系到场地或找到场地，这仅仅是“授人以鱼”的方式；而是可以尝试了解各类场地的信息，并做到培育方心中有数之后，再为组织赋能培力寻找场地的方法，这才是“授人以渔”的方式。例如，可以采用工作坊的方式，为组织中的多位核心成员集体赋能，包括活动场地有哪些类别、活动场地可以到哪里寻找、活动场地使用的条件等内容，培育后的效果是组织通过自己的力量寻找到组织所面临问题的解决方法，增强组织的自主性以及提高链接外部资源的能力。

（三）规律要素维度——“平常心”

在培育过程中，需要尊重组织的生、发、兴、亡等自然规律，并接受组织培育过程中的阶段性失败的结果，培育方应始终保持“平常心”的心态进行组织培育工作。

培育方需要遵循社区社会组织发展的客观规律，能够接受社区社会组织生长、发育、消亡、停滞、退化等状态。虽然培育组织的目标是希望看到组织发展壮大，但组织也会因为种种原因而出现停滞消亡的现象。

例如，由于组织内部出现矛盾而导致的分崩离析，由于组织核心成员年事已高，或家庭出现变化，或因搬家等各种原因而导致组织无法继续开展活动，由于组织目标基本完成且无更长远目标而出现的停滞不前现象，由于科技水平的提高导致某些社区社会组织的功能被替代而出现的组织消亡现象。以上情况都会阻碍或制约组织的发展，因此培育方能够客观看待社区社会组织的发展规律，以平常心接受组织所处的每一个阶段。组织经过培育能够发挥出组织某一时期的作用，且能够满足组织成员的需求即可。

在长期的培育过程中，必然会经历组织的发展，同时也会经历组织的暂时停滞，即培育结果有成功的阶段，也会有阶段性的失败。培育方需要用一颗平常心来看待培育的各种结果，并坚持持续性的组织培育。

（四）准则要素维度——“恒心”

培育方在培力时需要具有原则性，切忌采用双重标准，或出现与被培育方讨价还价的现象。培育过程需要公正、公开且公平，营造组织发展的健康生态环境。例如，培育方作为统筹地方组织培育工作的重要力量，往往会涉及培育资金的分配与使用。此时需要培育方把握好原则性，即把握好培育方的立场坚定地执行操作规则，避免因培育方口径不一致而给组织带来不满情绪，影响组织与培育方之间的信任关系。

在培育的工作过程中，培育方尽量做到工作细致且无差池，保持公开、公平、公正的原则，并以身作则，保持培育过程的严谨性。

（五）基础要素维度——“包容心”

组织的培育方不仅仅来自一个主体，凡是为社区社会组织提供支持或培力陪伴的主体都应视为培育方，包括专业社会组织、社区两委、驻区单位、地区枢纽型社会组织等相关方，均可以作为社区社会组织的培育方之一，而培育方之间的配合与包容则显得尤为重要和关键。在组织培育的过程中，仅仅依靠单一的培育方力量难以推进组织发展的生态环境，需要具有多方协同、彼此协作、共同协商的“包容心”，即具有包容的心态和格局，合作开展社区社会组织的培育工作，形塑共建、共治、共享的社区生态环境。

组织培育的过程，除了是多方协力共同推进的过程，同时也是培育方与被培育方教学相长的过程。培育方不仅是单方面提供社区社会组织培力或陪伴的支持，同时也是社区社会组织的伙伴和同行者。而社区社会组织不仅接受培育方的赋能和助力支持，还是培育方最有价值的反馈者，培育方为组织提供助力的有效性是来自组织反馈的即时性，而组织能够得到培育方的有效支持源自培育方与组织的有效互动。因此培育方与社区社会组织的关系并非单向给予和被动接受的关系，而是即时且良性的双向互动的关系。在此过程中，需要培育方具有与组织保持双向互动和共同成长的心态。

（六）动力源要素维度——“用心”

培育方在培育组织的过程中，不仅需要具有专业的行业知识、精湛的实务方法、敏感的洞察能力，包括学习与组织培育相关的政策文件、与组织相关的理论视角、与社会组织相关的行业知识、与培育相关的专业方法、各地优秀的组织案例和地方培育经验等内容；还需要具有与时俱进和不断学习的能力，当培育方有“一桶水”的时候才有可能给予社区社会组织“一杯水”。

这就要求培育方不断“用心”学习，提升自己的培育水平和业务能力，通过学习新知识和实践新方法，尤其掌握组织理念并了解社区工作，不断提升和完善本地组织培育的规划体系，营造在地组织发展的生态环境。

三、社区社会组织培育的三大方法论

在培育社区社会组织的过程中除了把握以上六大要素外，还可以运用三大方法论。

（一）“陪伴”+“培力”＝“培育”

组织培育过程实际上是培力赋能和陪伴助力的过程，只是在组织发展的不同阶段，陪伴和培力的比重不同而已。关于陪伴与培力的具体方法，可参考前几章内容，此处不再赘述。

由于培育方来自多元力量，每一个培育方的侧重点有所不同，例如专业社会组织以及枢纽型社会组织为社区社会组织提供培力赋能的支持，而对于社区两委则会为组织提供陪伴助力的支持。因此，应充分发挥每一个培育方的优势，形成培育方之间的合力，将培力赋能和陪伴助力相结合，实现组织培育的最终目标。

（二）先共事、再共识

无论是对于培育方之间、社区社会组织内部，还是培育方与组织之间，均会出现因主体间差异带来意见不统一的现象，即难以实现多方主体间的认同感。例如，在不同的培育方之间，由于站位不同、视角不同，会出现难以达成共识的现象。可以采用“先共事”的方法，首先寻找“事件”要素行动起来，并在行动过程中不断进行讨论，逐步达成彼此间的共识。再如，社区社会组织内部难以在短时间出现内部认同，可以通过培育方制造的培育“事件”，包括项目制引入、重大节庆日、社区大型活动等，引导社区社会组织先行动起来，随着行动的细化和深入，引导组织内部逐步达成对某一行动过程的共识，当行动进展到一定阶段后，引导组织成员思考并总结前期行动过程，实现逐渐达成共识的目标。又如，培育方与社区社会组织之间也会存在磨合期，通常情况下，培育方会主动举办一些活动，与社区社会组织建立关系，并逐步得到组织的认可，最后才会在培育方与组织的互动过程中逐渐达成对组织培育工作的共识。

因此，各方在暂时无法达成共识的情况下，可以先行动起来，并在行动过程的同时逐渐形成共识，即“先共事、再共识”的过程。

（三）多元主体共同培育——五个“社造化”的过程

“社造化”是社区营造化的简称，社区营造的实现依靠社区内不同主体力量共同的协商合作，形成社区自治理机制，实现“人人可社造、快乐享社造、永续做社造”的共治、共建、共享的过程。

基于对各方主体力量的角色和职能的分析，在社区营造理念下培育社区社会组织的路径一般为自我社造化（培育方）→组织社造化（外来社会组织）→社区社造化（社区能人及社区社会组织）→行政社造化（政府相关部门及社区两委）→网络社造化（在地场域生态氛围营造），是一个从“我”到“我们”的传递过程。

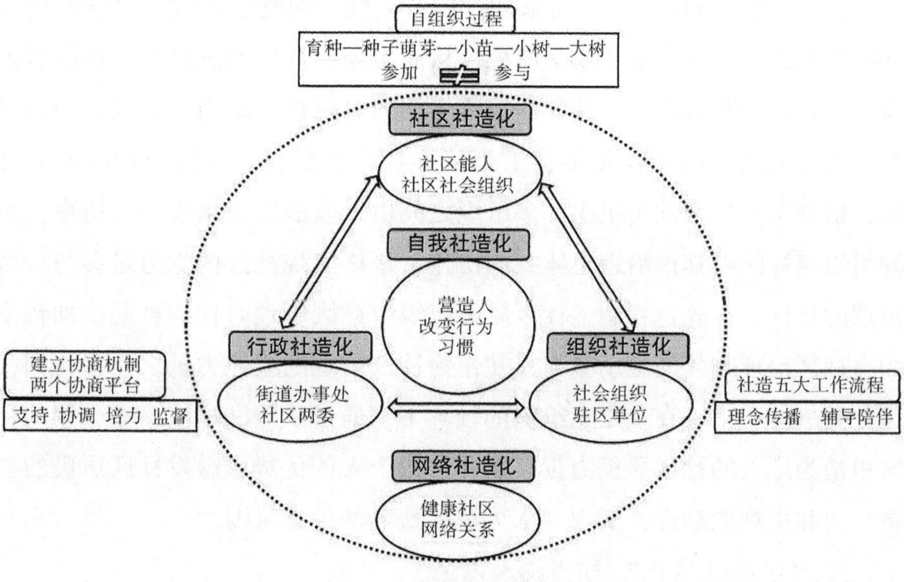

图 7-1　五个社造化治理模式框架图

1. “自我社造化”与改变人的行为习惯

“自我社造化”是实现社区营造化治理模式的基础。社区营造是造人的过程，即营造人或改变人的行为习惯的过程。而社区营造并不是万能钥匙，无法改变社区里的所有人，社区营造能够改变的是那些想作出改变的人。改变意味着突破，意味着改变原有的固定模式，尝试接受和适应新的环境。通过不断学习和反思，借鉴不同地方的经验，总结提炼适用于本地区的工作方法，尝试作出渐进式的改变。从我做起，通过自己的改变逐渐影响周围的人，包括社区社会组织成员、社区工作者、机构伙伴等群体。类似“差序格局”形态慢慢向周围扩散，当不同主体力量之间出现了共识与认同，共振频率日渐趋同，逐渐营造出适宜整个地区培育社区社会组织的生态环境。

2. “社区社造化”与社区社会组织参与社区公共服务

“社区社造化”意在改变社区居民。在社区管理时代，居民习惯于“等、靠、要”政府部门，尚未发挥出自主性，因此长期以来对于社区公共事务的态度表现为服从或是漠视，从而出现在社区治理过程中社区居民参与率较低的普遍现象。社区社造化希望通过陪伴式培力的方式，为有意愿和有能力的社区居民赋能，于是从寻找有想法、有热情的社区能人开始，培育本土社区社会组织。多组织之间由于发展所需出现共同协商，引导组织与社区内其他治理主体共同协作，最终实现社区内生力量参与社区治理的目标。在此过程中，社区居民组织由社区管理时代的被动参加转变为在社区治理时代的主动参与，并作为社区治理的主体力量之一参与到社区公共事务中来。在基层党组织的领导下，通过赋能和增权，充分调动社区里最为广大的社区居民力量，发挥出每个人的优势，激发社区居民的创造活力和主观能动性，实现“人人可社造”的生态氛围。

3. “组织社造化”与“授人以渔”

“组织社造化”意在改变社会组织或驻区单位。以专业社会组织为例，“组织社造化”发挥“授人以渔”的理念，以“五大工作流程”[①] 的方法，实现社会组织专业性持续性发挥的作用，即培养在地居民具有自主能力，实现助人自助的社会工作价值观。例如在培育社区社会组织过程中，通过

① 详见由笔者合著的《社区营造的理论、流程与案例》第三章组织社造化部分的内容。

陪伴式培力的方式，促进组织规范开展项目活动、自主设计项目方案、合法合规地使用政府资金，等等。

“组织社造化”的作用还在于改变“唯项目”或“唯组织”现象，引导专业社会组织思考如何把专业理念及方法扎根于当地社区。“唯项目”的现象表现在社会组织由于需要维持机构运营，因此仅以承接大量项目为目标，而不注重项目质量；或是社会组织仅注重完成项目方案中的活动场次，而不注重此项目为当地社区或居民组织带来的变化，难以实现培育本土内生力量的社会效应。“唯组织”的现象表现在“为了组织而组织”，即培育工作只是为了完成组织增长量的任务，不注重提升组织的质量，且忽视培育组织背后具有改善社区居民之间关系的逻辑，在培育后导致组织出现自主性和延续性不足的问题。避免“唯项目”和“唯组织”的现象，为当地居民和组织培力赋能及陪伴助力，以保障在地内生力量的自我运转和自我管理，也是“永续做社造”理念的体现。往往社区内生力量很难自觉活化起来，需要外部专业社会组织力量给予支持和助力，能够真正做到这一点的社会组织，才会真正回应社区治理的痛点与难点。

4. “行政社造化”与社区“减负”

“行政社造化”意在改变政府部门的工作人员，包括街道相关科室工作人员以及社区工作者。基层社区治理以社区基层党组织为核心，在社区党委的领导下，开展各项社区治理的工作。党建引领是基层社区治理不可替代的力量。然而由于以前采用的社区管理方法，造成社区两委包揽了大量社区事务，而使社区内生力量出现了“巨婴”现象，要么是没有内生力量，要么是有内生力量但总也无法长大成熟，难以真正成为社区治理的主体力量。俗话说“要想跑得快，全靠车头带”，“车头”暗喻为基层党组织。而基层党组织以及社区工作者需要有更多精力来经营社区，调动各方力量共同参与社区治理，而非自己冲在一线做面面俱到的社区服务，严重影响了社区工作的效率和社区治理的创新性发挥。

“行政社造化”下的社区治理机制实则倡导减轻社区工作者的压力和

负担，将其角色定位于支持、协调、监督、培力，具体的社区公共服务可以交给有意愿、有能力的社区社会组织来承接，实现真正为社区“减负”的目标，这也是“快乐享社造”的理念体现。建立社区社会组织协商平台则是“行政社造化”的核心方法，给予社区内生力量更多的机会以发挥其组织优势和特长，实现多元力量共同参与社区治理的目标。

5. “网络社造化”与营造健康的社区关系网络

“网络社造化”是实现社区营造化治理模式的结果。当不同主体力量能够各归其位、各司其职时，在多元主体力量相互配合之后，使整个社区居民之间不再是孤岛或原子化的个体，从而改善社区内部人与人之间的关系结构，在社区内营造出一种健康的社区关系网络系统。同时也能够改变社区内人与空间的关系，避免出现闲置的公共空间，而公共空间将作为社区居民的实体社交空间，增加居民之间互动的机会和频率。同时还能够促进社区文化的形成，实现社区场域中社区内部自治理机制建立的目标。最终实现整个社区范围内健康社会关系网络生态系统的建构过程。

通过社区营造化中的“五个社造化”过程，在基层党组织的领导下，发挥各方主体的协作力量，实现多元协同共治的目标，搭建人人有责、人人尽责、人人享有的社会治理共同体。

四、本章小结与思维导图

本章主要阐述组织培育所应具备的关键要素及方法论。首先，作为培育者需要具有“耐心”“细心”“平常心”“恒心”“包容心”以及“用心”的特质；其次，在培育过程中，可以使用“陪伴”与“培力”的培育方法、“先共事、再共识”的行动方法以及多元主体共同培育的协作方法。作为培育方需要发挥“陪伴”但不“代办”的作用，社区社会组织可以“依靠”但不可“依赖”于培育方，最终实现社区社会组织自我管理、自我发展、自我运转、自我造血的培育目标。

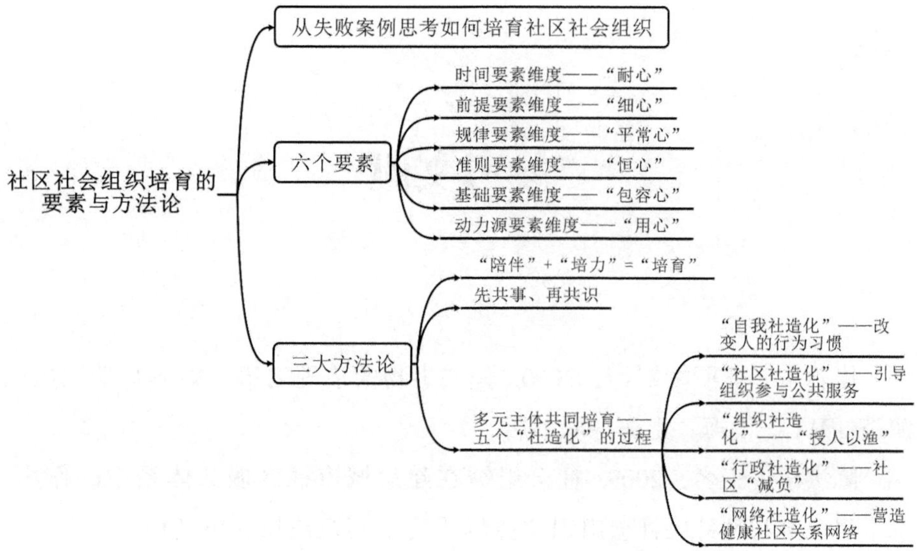

图 7-2　本章结构内容及思维导图

参考文献

埃莉诺·奥斯特罗姆，2000. 公共事物的治理之道：集体行动制度的演进［M］. 上海：上海三联书店.

陈洪涛，王名，2009. 社会组织在建设城市社区服务体系中的作用：基于居民参与型社区社会组织的视角［J］. 行政论坛，16（1）.

陈家喜，2015. 反思中国城市社区治理结构：基于合作治理的理论视角［J］. 武汉大学学报（哲学社会科学版），68（1）.

陈鹏，2009. 从“产权”走向“公民权”：当前中国城市业主维权研究［J］. 开放时代（4）.

范杰臣，2017. 新建商品房社区营造的前置操作探索：以嘉定区信义嘉庭小区为例［J］. 城乡规划（4）.

哈贝马斯，1999. 公共领域的结构转型［M］. 上海：学林出版社.

哈贝马斯，2004. 交往行为理论［M］. 上海：上海人民出版社.

哈罗德·科兹纳，2014. 项目管理：计划、进度和控制的系统方法（第11版）［M］. 北京：电子工业出版社.

汉娜·阿伦特，1999. 人的条件［M］. 上海：上海人民出版社.

何海兵，2003. 我国城市基层社会管理体制的变迁：从单位制、街居制到社区制［J］. 管理世界（6）.

何艳玲，2007. “社区”在哪里：城市社区建设走向的规范分析［J］. 华中师范大学学报（人文社会科学版）（5）.

耿云，2013. 我国城市社区社会组织的发展困境及其对策［J］. 云南行政学院学报，15（6）.

李明伍，1997. 公共性的一般类型及其若干传统模型［J］. 社会学研究（4）.

李强，等，2017. 协商自治·社区治理：学者参与社区实验的案例［M］. 北京：社会科学文献出版社.

李世敏，2015. 经典“公共性”理论辨析：兼谈中西差异［J］. 理论与现代化（1）.

李友梅，肖瑛，黄晓春，2012. 当代中国社会建设的公共性困境及其超越［J］. 中国社会科学（4）.

李智超，罗家德，2011. 透过社会网观点看本土管理理论［J］. 管理学报，8（12）.

罗家德，帅满，2013. 社会管理创新的真义与社区营造实践：清华大学博士生导师罗家德教授访谈［J］. 社会科学家（8）.

罗家德，梁肖月，2017. 社区营造的理论、流程与案例［M］. 北京：社会科学文献出版社.

罗家德，孙瑜，楚燕，2014. 云村重建纪事：一次社区自组织实验的田野记录［M］. 北京：社会科学文献出版社.

罗家德，李智超，2012. 乡村社区自组织治理的信任机制初探：以一个村民经济合作组织为例［J］. 管理世界（10）.

迈克尔·麦尔，2013. 再会，老北京［M］. 上海：上海译文出版社.

任剑涛，2011. 公共与公共性：一个概念辨析［J］. 马克思主义与现实（6）.

《社区营造及社区规划工作手册》写作小组，2019. 社区营造及社区规划工作手册［M］. 北京：清华大学出版社.

沈原，2019. 老旧街区的社区建设［J］. 国际社会科学杂志（中文版），36（1）.

时雨，张宏云，范红霞，时勘，2002. 360度反馈评价结构和方法的研究［J］. 科研管理（5）.

斯蒂芬·罗宾斯，蒂莫西·贾奇，2016. 组织行为学［M］. 北京：中国人民大学出版社.

谭清华，2014. 谁之公共性？何谓公共性？［J］. 理论探讨（4）.

托克维尔，1998. 论美国的民主［M］. 北京：商务印书馆.

W. 理查德·斯格特，2002. 组织理论：理性、自然和开放系统［M］. 北京：华夏出版社.

王瑞华，2007. 社区自组织能力建设面临的难题及其成因［J］. 城市问题（4）.

吴三清，杨杰，凌文辁，2003. 360 度评价实践理性刍议［J］. 思想战线（3）.

夏建中，张菊枝，2012. 我国城市社区社会组织的主要类型与特点［J］. 城市观察（2）.

杨敏，2005. 公民参与、群众参与与社区参与［J］. 社会（5）.

杨敏，2007. 作为国家治理单元的社区：对城市社区建设运动过程中居民社区参与和社区认知的个案研究［J］. 社会学研究（4）.

郁建兴，李慧凤，2011. 社区社会组织发展与社会管理创新：基于宁波市海曙区的研究［J］. 中共浙江省委党校学报，27（5）.

张法，2010. 主体性、公民社会、公共性：中国改革开放以来思想史上的三个重要观念［J］. 社会科学（6）.

张金起，2008. 百年大栅栏［M］. 重庆：重庆出版社.

赵罗英，夏建中，2014. 社会资本与社区社会组织培育：以北京市 D 区为例［J］. 学习与实践（3）.

BARNARD，1938. The functions of the executive［M］. Cambridge，MA：Harvard University Press.

HARDIN G，1968. The tragedy of the commons［J］. Science 162：1243-1248.

HABERMAS J，1981. The theory of communication action，Vol. 1：reason and the rationalisation of society［M］. Cambridge：Policy Press.

HANNAH，A，2005. The promise of politics［M］. New York：Schochen

Books.

OSTROM E, 1990. Governing the commons: the evolution of institutions for collective action [M]. New York: Cambridge University Press.

LEAVITT, HAROLD J, 1965. Applied organizational change in industry: structural, technological and humanistic approaches [M]. Chicago: Rand McNally.

ROBERT D. Putnam, 2000. Bowling alone: the collapse and revival of American community [M]. New York: Simon & Schuster.

ROBERT N, BELLAH, et al., 1985. Habits of the heart [M]. Berkeley: University of California Press.

SIMON, HERBERT A, 1976. Administrative behavior (3rd ed.) [M]. New York: Macmillan.

后　记

本书从构思至成稿历时三年之久，在此期间不断与各地一线工作者们进行访谈与交流，观察环境之所变、体会伙伴之所需，结合笔者的实务经验、理论学习与总结思考，最终提炼出本书的框架结构，以期对同人们的相关工作有所助益，也希望有更多伙伴能够成为培育者，并肩前行。

在撰写本书的过程中，由于走访多地，并与社区工作者、社会组织从业者、高校师生以及社区社会组织成员进行探讨，内容涉及基础的社区社会组织的内涵与外延、组织培育实务方法、未来行业发展预期等。大家的困惑与疑问启发了笔者深入思考，也成为笔者前行的动力，坚定写成本书的信心与决心。

对于社区社会组织这一新生事物，在中央级别的政策文件中，能够追溯到2015年中共中央办公厅、国务院办公厅印发的《关于加强城乡社区协商的意见》，明确将社区社会组织作为社区协商主体之一。紧接着在2016年中共中央办公厅、国务院办公厅印发的《关于改革社会组织管理制度促进社会组织健康有序发展的意见》中，明确提出要“大力培育发展社区社会组织”。同年在《城乡社区服务体系建设规划（2016—2020年）》中明确了培育社区社会组织的量化指标。在此期间，虽然在多份文件中提到社区社会组织的特征，然而直到在2017年民政部发布的《关于大力培育发展社区社会组织的意见》中才首次正式明确社区社会组织的定义和作用，并在其解读文件中根据社区社会组织的组织化程度高低对组织进行分类管理的思路进行了明确说明。在2020年底时，民政部办公厅印发的《培育发展社区社会组织专项行动方案（2021—2023年）》明确将培育社区社会组织作为专项行动，为此工作的开展提供了有力的政策保障。由此可见，社区社会组织这一新型组织形态虽然出现时间并不长，但其对于社区治理和社区协商的作用却十分重要，因此培育社区社会组织的工作也显得相对迫切。

虽然社区社会组织工作对于社区工作者来说是工作要求、对于社会组织来说是业务增长点、对于社区居民来说更是自我主张的有效路径，但是由于各相关方对于社区社会组织的认识并未达成共识，因此在培育过程中会集中出现“是‘谁’”以及“‘谁’来培育”的问题，包括谁是培育对象、谁是培育者，以及如何培育等问题。

1. 社区社会组织培育的对象是谁

其实这是关于“社区社会组织是什么”的问题，包括如何定义社区社会组织，由谁来定义，是采用官方政策文件定义，还是行业定义，或是学术定义，其实无论哪种定义均离不开社区社会组织的基本特征，均是以社区居民为主体，并属于社会组织的一种组织形态。

其实社区社会组织与社区志愿者、居民小组、某某团、某某队既有区别又有联系。社区志愿者可以自发组成社区社会组织，而社区社会组织的成员也可以成为志愿者；但志愿者更多是以个体形式出现，而社区社会组织却是多个个体自发组合而成的集合体。目前有些社区社会组织成员由于身兼数职，也许既是社区社会组织负责人，又是楼门栋长，还是党支部书记，也许既是兴趣类组织的骨干力量，也经常参与服务类组织的活动，还会在业委会、物管会等组织担任要职。由于都是为社区居民服务，又都是在社区范围内活动，于是统称自己为“社区志愿者”。但实际上身兼数职的社区能人会在不同的场合使用不同的身份，例如：在开党会或党组织活动时，更多会以党支部书记或党组成员的身份出席；在开展本楼栋或楼门的自治活动时，被更多街坊邻里认可的是楼栋楼门长、自管会成员、业委会委员等身份；在参加社区文艺会演的过程中，其身份又会变为兴趣类组织的负责人或组织成员。在社区治理模式日益丰富的情况下，将会出现治理主体的精细化划分，每一类治理主体发挥的作用以及覆盖的群体将会出现些许差异，因此对于身兼数职的社区居民来说，在不同情况下使用不同的身份角色，将会助益于工作的开展。

除此以外，在社区社会组织概念提出之前，以居民为主体在社区开展各类活动的更多是某某队、某某团，例如几乎每个社区都有舞蹈队、合唱队、艺术团、巡逻队、助老队等。虽然也都是由居民组成，但由于大部分团队并没有组织的概念和意识，因此造成组织结构化程度较低、组织目标不明确等现象，基本停留在自娱自乐的状态，鲜少与社区治理或社区公共服务相关。团队的发起人或负责人往往是社区工作者，社区居民只是参加活动并非参与活动的筹划与实施，主动开展活动的团队数量稀少，更多是被动完成社区工作者交代的任务。而社区社会组织则是由以前的“他组织”转变成为的“自组织”，具有自主性、自发性、主体性意识和能力，并结合社区公共事务发挥其组织作用。社区社会组织也许是居民自组织发展的较高级组织形态，其间会经历社区志愿者（个体形态）、松散小团队（小团体形态）再到组织结构程度化较高的社区社会组织（组织形态）。而社区社会组织在不同形态的发展过程中，最关键的是组织化的动态演化过程，并非以实体组织的出现作为单一目标。

正因为社区社会组织与社区内其他组织形态的相关性，会使社区社会组织负责人或组织成员常常出现以下困惑，例如我是谁、我为什么要做组织、组织能做什么事情、组织应该做什么事情、组织究竟可以走多远以及谁来支持组织的发展等问题。其实在社区社会组织出现疑惑的时候，需要专业力量为其答疑解惑或是助力支持。

2. 社区社会组织由谁培育

社区社会组织的培育方其实也是支持方、助力方，不仅是具有专业知识与实务方法的社会工作者或枢纽型社会组织从业者，也包括社区内的其他相关方。由于社区社会组织身处城乡社区之中，与街道乡镇、社区两委的关系非常密切，甚至更为明确的关系是社区社会组织至少需要在乡镇街道进行备案登记，拥有政府认可的社会身份。同时需要在社区党委的领导下、社区居委会的指导下开展活动，因此乡镇街道、社区两委也是社区社会组织的培育方之一。除此以外，其他社区范围内的相关方例如驻区单位或商业企业也会成为社区社会组织重要的资源支持方。

然而，不同的培育方在培育过程中也会遇到一些问题。例如，社区工作者会仅仅将培育社区社会组织作为自己的某一项工作任务，并认为社区社会组织工作会给自己增负，因此并未真正有效推进组织培育工作的开展，并对此工作出现一种“消极心理”，上级不检查，便不会主动推进。当上级部门有工作任务时，原本应该鼓励社区社会组织发挥主观能动性，例如自主设计或实施社区公益活动，但为了省时省力，并没有发挥培育者的作用，喧宾夺主地自己设计一场活动，原本社区社会组织应该作为社区治理的参与者，最后却沦为了社区活动的参加者。长此以往会导致社区社会组织丧失发展的空间，更会出现培育过程中“本末倒置”的现象，原本社区工作者是助力社区社会组织发展的，反倒会让组织觉得是在帮助社区工作者完成工作，出现对社区工作者理所当然的依赖心理，难以发挥社区社会组织的自主性，更难以实现社区社会组织作为社区协商主体的作用。当需要统计组织情况的信息或数据时，甚至会出现“急于求成”“急功近利”的现象，导致出现社区社会组织实际情况与统计数据不符的情况。

再如，专业社会组织在进行社区社会组织培育时，需要至少3~5年长期的培育时间才可见到社区社会组织因能力提升而带来的变化。然而由于项目制周期所限，往往在短期内（例如一年时间）未见成效的情况下，政府部门难以继续购买社会组织的培育项目，导致组织培育工作中途夭折、难以持续。久而久之，原本应该是长期的组织培育设计方案，会被迫变为短期若干场社区活动的堆砌，场面看似热闹但实际上均不是以社区社会组织为主导，难以提高社区社会组织的能力，更无法发挥组织的主动性和创造力，导致出现“组织培育却难见培育，不见效果则放弃培育”的恶性循环，更会出现“劣币驱逐良币”的现象。同时也会影响培育者的人才培养，导致培育者失去生存空间，或出现青黄不接的现象。由于培育者需要丰富的专业知识及实务经验，需要经过长期的培育和经验的积累，才会为社区社会组织提供更专业的陪伴与培力。对于组织培育领域专业人才培养的缺失，会导致组织培育工作难以落实，或移转给社区工作者，出现之前提及过的“消极心理”或“急于求成”的现象，从而消耗大量的时间、人力、财力，也浪费了政策和资源环境。

以上问题其实同人们在极力避免，也尝试探索本地化的培育模式，深入思考如何培育社区社会组织。

3. 如何培育社区社会组织

以社区工作者为例，虽然作为培育方，但目前社区工作者对于自己的身份和角色以及如何与社区社会组织建立培育工作关系，则成为困扰同人的问题之一。例如，当社区社会组织以社区协商主体身份参与到社区事务时，是可以为社区工作者减负的，但目前却感觉是增负或是又多了一项工作。以社区里负责文体教育的委员们为例，在有兴趣类组织的社区，也许有些伙伴经历过为队员收发或保管服装及道具的情况，或是为队员打印、复印歌片、节目单，甚至写主持词、演讲稿、信息稿等工作，不仅会付出大量的精力和时间，有时还会在晚上额外加班，还会耽误或影响其他的工作。如果不为队员提供相应的服务，也许会造成不满或埋怨，甚至有些队员会找到社区书记、主任进行投诉。面对如此两难的境地，社区工作者有时会因此而感到疲惫不堪。

这里需要考虑几个问题：社区工作者与社区社会组织是什么关系？是服务的关系还是培育的关系？社区社会组织认为社区工作者是何种身份？为何会出现组织认为社区工作者应该为其提供服务的现象？其实这涉及一个工作逻辑的问题，社区工作者对于社区内不同群体的工作方法需要有所区别，如果是社区里的特困群体或特殊群体，需要提供相应的帮扶，做好政府兜底工作；而对于同样作为社区协商主体之一的社区社会组织而言，社区工作者是否需要为其提供众多的服务，还是转变思路引导社区社会组织具有自主意识，通过组织及成员的力量解决组织内部的事务。如果社区社会组织目前难以达到自主程度，社区工作者到底是采用“授人以鱼”还是“授人以渔”的方式，实际上是“服务”社区社会组织还是“培育”社区社会组织的问题。每位伙伴内心都会有自己的选择和判断，也会希望社区社会组织的出现能够更好地助力社区治理的方方面面，然而前提是社区社会组织需要先有成为治理主体的意识和能力，在此过程中组织往往难以自然觉醒，需要包括社区工作者在内的培育方加以培力和陪伴。

同理，专业社会组织从业者只有与社区社会组织建立好工作关系，才能有效开展培育工作。与社区工作者不同，社会工作者通常难以天天扎根在社区陪伴社区社会组织的成长，但因其具有更为丰富的专业知识与实务方法，因此对于社区社会组织的培力赋能会起到关键作用。但是社会工作者也会面临一些问题，例如，虽然开展的培力赋能活动受到组织的认可，但感觉组织对于培育的意愿不够强烈，总是被动参加所举办的活动，听不到组织主动提出自己的需求，或是看似是需求，但当实际提供支持的时候，又感觉组织对此支持可有可无。

其实这里存在着一个挖掘组织需求的方法问题，即社会工作者是否能够掌握社区社会组织的“真”需求？有时候组织提出的需求并非其真正的需求，需要社会工作者基于对组织了解的情况，对此需求作出判断。目前出现的一个现象，即社会组织由于需要维持机构的运营和员工的工资，因此会承接若干个不同类型的政府采购项目或与企业合作的项目。社会工作者往往会同时负责若干个项目，如此项目款才可以支撑其工资的支出。由于精力和时间被分割，自然对于某一个地区的组织培育工作投入的精力会相对有限。而由于社会工作者在项目期间需要争取到后期继续合作的机会，因此则会把更多精力放在回应政府部门的需求上，相反则会忽略社区社会组织的需求挖掘。这是由于社会组织与商业企业不同，商业企业的用户与客户基本是一致的，但社会组织的“用户”与“客户”往往是不同的群体，“客户”通常是社会组织所承接项目的出资方，而“用户”则是社会组织的服务对象。在此情况下，社会组织会尤为看重“客户”的需求，并投入大量的精力维护“客户”的关系，反而容易忽略“用户”的需求。

在培育社区社会组织的过程中，社会组织通常会承接某地区培育组织的项目，某地区的政府部门则作为社会组织的“客户”，而所应培育的社区社会组织则是社会组织的“用户”。社会工作者们通常会以完成资方的项目内容为目标，例如做多少场活动、有多少人受益等，但往往在做完每场活动之后，将会匆忙赶赴下一个项目点，没有更多的时间和精力与社区社会组织做细致深入的交流，获得其真实的反馈及感受，因此会出现对社区社会组织的“真”需求把握不准的问题。其实社会工作者只需要平衡好自己的工作时间，不论是“客户”还是“用户”，对于社会工作者和社会组织来说都是非常重要的。由于培育组织需要在充分了解组织的基础上，作为培育方为保证培育效果，可以将精力和时间侧重于与社区社会组织的交流上，而非一味地举办活动或培训，而是根据与组织互动所了解的情况，从而设计出适宜于本地社区社会组织的培育方案。多找各种机会与社区社会组织沟通交流，例如：追踪社区社会组织的自主活动，看看活动是如何开展的，具有何种流程和内容；参加社区社会组织的例会，听听组织成员之间的讨论，观察成员具有何种关系结构；以工作坊的形式，与组织成员聊聊近况，或就某一需求聊聊出现的原因。以上方式均可促进社会工作者与社区社会组织建立良好的信任关系及工作关系。

由于各种原因，有些地区的培育方是以社区工作者为主，而有些则是以社会工作者为主。当社区工作者和社会工作者同时作为培育方时，双方的培育重点需要有所侧重。具有专业知识及方法的社会工作者更适宜进行培力的工作，通过行动引导组织建立自治理机制，做组织内部能力的提升。而社区工作者由于需要对社区内十余个甚至几十个社区社会组织进行引导和指导，因此需要建立一套社区内部组织管理规范，例如在 2020 年 12 月民政部办公厅印发的《培育发展社区社会组织专项行动方案（2021—2023 年）》的通知中提及的“推动建立社区社会组织开展节庆活动、文化演出、体育竞赛、人员集会等重大活动报告制度”，“建立社区社会组织定期向村（社区）两委报告工作”制度，建立“由村（社区）两委和居民群众对社区社会组织工作进行评估评议制度”，以制度来规范组织的行为，保障其在发展的过程中坚持正确的政治方向。同时，建立社区内组织管理规范及制度，保障每一个社区社会组织均有意见表达的渠道，确保对每一个组织来说都是公开、公正、公平的，形塑社区内部健康的组织发展生态环境。